国家职业技能等级证书评价改革培训教材·汽车维修工

汽车车身涂装修复工

（五级、四级、三级）

广州市交通运输职业学校
广州市机动车维修行业协会　组织编写

胡源卫　黄小镇　主　编

人民交通出版社股份有限公司

北京

内 容 提 要

本书为"国家职业技能等级证书评价改革培训教材·汽车维修工"之一。全书共七个项目，内容包括汽车车身涂料认知及安全、底材处理技术、原子灰整形技术、中涂底漆修补技术、调色技术、面漆喷涂技术、抛光技术。

本书可作为汽车车身整形修复工职业技能等级评定培训、企业培训教材，也可作为职业学校教学用书。

图书在版编目(CIP)数据

汽车车身涂装修复工:五级、四级、三级/胡源卫，黄小镇主编. —北京:人民交通出版社股份有限公司，2023.4

ISBN 978-7-114-18487-1

Ⅰ.①汽⋯ Ⅱ.①胡⋯ ②黄⋯ Ⅲ.①汽车—车体—涂漆 ②汽车—车体—车辆修理 Ⅳ.①U472.4

中国版本图书馆 CIP 数据核字(2022)第 256214 号

Qiche Cheshen Tuzhuang Xiufugong（Wuji、Siji、Sanji）

书　　名：	汽车车身涂装修复工(五级、四级、三级)
著 作 者：	胡源卫　黄小镇
责任编辑：	翁志新　张越垚
责任校对：	孙国靖　刘　璇
责任印制：	张　凯
出版发行：	人民交通出版社股份有限公司
地　　址：	(100011)北京市朝阳区安定门外外馆斜街 3 号
网　　址：	http://www.ccpcl.com.cn
销售电话：	(010)59757973
总 经 销：	人民交通出版社股份有限公司发行部
经　　销：	各地新华书店
印　　刷：	北京市密东印刷有限公司
开　　本：	787×1092　1/16
印　　张：	10.5
字　　数：	244 千
版　　次：	2023 年 4 月　第 1 版
印　　次：	2023 年 4 月　第 1 次印刷
书　　号：	ISBN 978-7-114-18487-1
定　　价：	35.00 元

(有印刷、装订质量问题的图书,由本公司负责调换)

国家职业技能等级证书评价改革培训教材·汽车维修工
编写委员会

主 任 委 员　姚卫红　张志勤
副主任委员　谭宇新　张燕文　巫兴宏　肖泽民
委　　　员　(按姓氏笔画排序)
　　　　　　王　锋　王婷婷　艾　刚　代　军　冯明杰　宁英毅
　　　　　　朱伟文　刘　戈　刘玉茂　刘健烽　李大广　李贤林
　　　　　　肖伟坚　肖泽民　何　才　余程刚　沈洪涛　张东燕
　　　　　　张　发　张光严　张会军　张润强　张锦津　陈楚文
　　　　　　胡锡锑　胡源卫　黄小镇　黄鸿涛　梁焰贤　揭光明
　　　　　　谢　明　蔡楚花　熊　汉

前 言

为响应国务院关于深化"放管服"的工作要求和推进国家职业资格制度改革，将技能人员水平类评价由政府许可改为实行社会化职业技能等级认定，便于汽车维修从业人员持续学习和考取相应的职业技能等级证书，促进汽车维修行业从业人员的技能提升，广州市交通运输职业学校与广州市机动车维修行业协会联合编写了"国家职业技能等级证书评价改革培训教材·汽车维修工"系列培训教材共6册，分别是《汽车机械维修工（五级、四级、三级）》《汽车电器维修工（五级、四级、三级）》《汽车车身整形修复工（五级、四级、三级）》《汽车车身涂装修复工（五级、四级、三级）》《汽车维修检验工（五级、四级、三级）》《汽车美容装潢工（五级、四级）》。

本系列培训教材以《国家职业技能标准——汽车维修工》（2018年版）为依据，以汽车售后服务企业岗位群的职业能力需求为导向，结合当下汽车产业发展趋势和汽车维修行业新技术、新规范、新工艺、新材料编写而成。

本系列教材编写过程中对接行业和知名汽车厂商的技术标准，根据汽车维修工工作岗位技能和知识要求，整合成典型工作任务。在内容上明确任务适用级别，图文并茂阐述专业知识，用表格形式规范任务操作过程，并客观评价任务完成质量，从而满足汽车维修岗位从业人员职业技能等级证书培训和认证需求，亦满足从业人员的继续教育学习需求。

本书是国家职业技能等级证书认定评价改革系列教材之一，由广州市交通运输职业学校胡源卫和黄小镇担任主编，深圳市龙岗职业技术学校揭光明和广州市交通运输职业学校王婷婷担任副主编，参加编写的还有庞贝捷漆油贸易（上海）有限公司李大广、融通运输（广州）有限公司张会军、东来涂料技术（上海）股份有限公司熊汉。具体编写分工为：王婷婷编写项目一，胡源卫编写项目二、项目三的任务1和项目七的任务1，张会军编写项目三的任务2，黄小镇编写项目四，李大广编写项目五，揭光明编写项目六，熊汉编写项目七的任务2，全书由胡源卫和黄小镇统稿。

由于编者学识和水平有限，书中难免有不妥之处，恳请使用本教材的老师和学生批评指正。

编 者
2022年12月

目 录

项目一　汽车车身涂料认知及安全	1
任务1　汽车车身涂料认知（五级、四级、三级）	1
任务2　汽车维修涂装安全及职业道德（五级、四级、三级）	11
项目二　底材处理技术	19
任务1　简单表面底材处理（五级）	19
任务2　复杂表面底材处理（五级）	30
项目三　原子灰整形技术	38
任务1　简单表面原子灰整形（五级）	38
任务2　复杂表面原子灰整形（四级）	50
项目四　中涂底漆修补技术	58
任务1　中涂底漆修补（四级）	58
任务2　免磨中涂底漆喷涂（三级）	72
项目五　调色技术	80
任务1　素色漆调色（三级）	80
任务2　银粉漆调色（三级）	93
项目六　面漆喷涂技术	102
任务1　单工序素色面漆喷涂（四级）	102
任务2　双工序面漆喷涂（四级）	108
任务3　低银粉面漆局部喷涂（三级）	118
任务4　高银粉面漆整板喷涂（三级）	124
项目七　抛光技术	131
任务1　浅色面漆抛光（五级）	131
任务2　深色面漆抛光（四级）	141
模拟试题	151
参考文献	162

项目一　汽车车身涂料认知及安全

项目描述

　　涂料就是通过浸涂、刷涂、喷涂等不同的施工工艺涂覆在物体表面,形成具有保护、装饰或者特殊功能的固态薄膜的材料。了解掌握涂料的分类、性能、成膜原理、操作工艺等方面的知识,才能确保汽车的涂装质量。

　　在汽车涂装修复作业中,安全生产和个人防护是防止火灾、伤亡事故、职业病,保障员工身体健康的重要措施。大多数涂料都易燃、易挥发且有一定的毒性,施工过程中还会产生飞漆和粉尘,若不严格遵守安全操作和施工方法,极易发生生产事故。生产事故轻则损害健康,重则可能导致残疾,甚至死亡。所以,喷漆作业在进行每一项工作时都要以安全和健康为前提。

　　本项目通过对汽车车身涂料的组成、涂层结构等进行讲解,分析漆面修补作业中的有害物对人体的伤害,使读者掌握汽车涂料的专业知识以及涂装车间的安全防护措施。

任务1　汽车车身涂料认知(五级、四级、三级)

▶ 建议学时:2学时

一、知识要求

1. 能说出汽车车身涂装的作用。
2. 能说出汽车车身涂料的基本组成。
3. 知道原厂漆与修补漆的区别。
4. 能说出汽车修补涂料的种类。

二、技能要求

1. 能辨认出原厂漆和修补漆的涂层结构。
2. 能辨认单双组分油漆。
3. 能辨认素色漆、金属漆和珍珠漆。

任务准备

一、车身涂装基础知识

1. 汽车车身涂装的作用

汽车作为重要的交通工具,自问世百余年来,取得了长足进步。与此同时,人们对汽车外观的要求也变得越来越高,汽车涂装的重要性亦日趋凸现。汽车车身涂装主要有以下四大作用。

(1) 保护作用。汽车涂装的基本作用是防止车身金属腐蚀。汽车车身涂装施工,一是使涂料在被涂物表面形成牢固的、连续的涂层,从而隔绝空气中的水分、酸、碱、盐、微生物及其他腐蚀性介质和紫外线对车身裸露金属底材的破坏;二是通过涂层的隔绝作用减少或避免直接的机械磨损(如洗车等)、日晒雨淋等损伤,保护车身免受伤害;三是车身涂装某些工序(如磷化)与金属底材进行化学反应,使金属表面钝化,加强了金属的防腐蚀能力。

(2) 装饰作用。涂装的另一主要目的是美化车辆外观。被涂装的车身,其金属底材有很多角度,如直角、平面、圆弧等,如果将其表层施以颜色,就会展现出立体感及色彩美感,达到装饰的作用,进而提高其商业价值。同级别的车子,会因为涂装外观的不同,而产生不同的价值。比如同一款车型,白色的车漆涂装一般都会卖得贵一些。

(3) 标识所用。汽车车身的颜色不同体现不同的用途,外观涂装的不同,能帮助我们更容易分辨车辆的用途,救护车、警车、消防车、工程车等特种车辆都有特别的专属涂装,如图 1-1 所示。

图 1-1　汽车涂装的标识作用

(4) 特殊作用。某些涂装借助具有特殊成分的专用涂料形成涂层,具有特殊功能,如隔音、绝热、防火、防滑、防辐射、绝缘和伪装等功能。如汽车底盘装甲涂层具有良好的防止沙石的撞击、泥水酸碱的腐蚀和隔音作用。

2. 汽车车身涂层结构认知

汽车车身涂装工艺是指将涂料涂覆于物体表面(基底表面),经干燥成膜的技术,使固化的涂料膜成为涂膜或涂层。汽车车身涂层一般是由四层或四层以上的涂膜所组成的复合层,其漆面总厚度一般在 110～130μm 之间。

(1) 原厂漆结构。常见汽车车身原厂漆可分为素色漆、银粉漆和珍珠漆。三种漆在涂面漆前都具有相同的结构:金属底材—磷化层—电泳层—中涂层。不同之处在于面漆涂层:素色漆结构为中涂层上面直接喷涂素色面漆(也称为单工序面漆),银粉漆结构为中涂层上面喷涂金属色漆后再喷涂清漆(也称为双工序面漆),珍珠漆结构则为中涂层上面先喷涂底色漆后喷涂珍珠最后喷涂清漆(也称为三工序面漆),如图 1-2 所示。

(2) 修补漆结构。当汽车车漆受损后,钣金修复无法恢复到新车水平,需要用原子灰

(也叫腻子)、中涂底漆等填补未修复的凹陷,修补漆结构中往往比原厂漆多一层原子灰。在二手车评估中,通常使用膜厚仪测量涂层厚度,并将膜厚作为辨别是否发生过事故的依据。修补漆结构如图1-3所示。

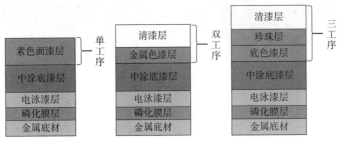

图1-2 汽车车身原厂常见涂层结构示意图

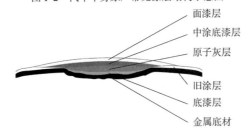

图1-3 汽车车身修补漆结构示意图

3.汽车涂料的组成

汽车车身涂料是指喷涂于车身表面,能形成牢固附着的、连续的、具有保护和装饰及特殊性能(如绝缘、防腐、标志、伪装等)涂膜的有机高分子化合物和无机化合物的液态材料,主要是用颜料、树脂、溶剂、添加剂四种成分混合而成的高黏度液体。在汽车漆面修补作业时,在涂料中还需要加入固化剂,促使涂料中的树脂发生交联反应,形成涂膜。

(1)颜料——为涂层提供色彩和填充性。

颜料是涂料中两种非挥发性成膜物质之一(保持干燥的漆膜的部分),也是涂料的主体成分。汽车涂料中的颜料是一种固体粉末,可给汽车车身涂层提供颜色及耐久性,具备填充性,同时,还可以提高表面强度与黏合性、改变光泽及改善空气流动特性,如图1-4所示。

(2)树脂——结合湿润颜料,提供附着力、光泽度、硬度和耐久性。

树脂是涂料中的黏合剂,一般由天然树脂(如松香)或者合成树脂(如甲基丙烯酸甲酯、聚氨基甲酸乙酯、聚苯乙烯、聚氯乙烯等)组成,其决定着所要调配的涂料类型,如图1-5所示。树脂是涂料中另一种非挥发性成膜物质,它是用于连结颜料和赋予漆膜光泽、硬度、平滑性、密着性等性能的一种乳白色黏稠液体,是涂料的骨架。

树脂中一般用增塑剂和催化剂加以改性,可以改进车身涂料的耐久性、黏合性、抗腐蚀性、耐摩擦性及挠性等。

(3)溶剂——溶解树脂,结合颜料,调节施工性能。

溶剂是涂料中的挥发性配料,大多数溶剂是从原油中提炼的。溶剂在涂料中的主要功能是使涂料能涂敷在物料之上。它必须有着足够的溶解能力来溶解薄膜的树脂(黏合剂),高质量的溶剂还可以改进涂料的质量和薄膜特性。此外,溶剂可增加光泽,减少抛光的工作量。

图1-4 颜料粉末

图1-5 树脂

(4)添加剂——涂料的储存稳定性、施工性能。

添加剂是用于涂料中的附加剂,其在涂料中所占的比例很小(体积分数最大为5%,通常还要少得多),但是它具有多种重要功能,如提升涂料的储存稳定性、施工性能。汽车涂料添加剂包括柔软剂、干燥剂、分散剂、防沉降剂、防分离剂、流平剂、增塑剂等。

4.汽车涂料的干燥方式

汽车车身涂料的干燥方式分为三种,即自然干燥、强制干燥和烘烤干燥。

(1)自然干燥。自然干燥是指喷涂对象在自然环境下干燥,适用于热塑型树脂和自交联树脂型涂料的干燥,如图1-6所示。

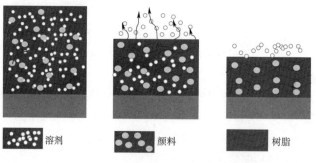

图1-6 自然干燥

优点:干燥速度快、施工简单。

缺点:保光性和耐久性较差,在汽车维修行业已不再推荐使用。

原理:溶剂挥发,物理干燥。

(2)强制干燥。强制干燥是指在80℃以下对涂料进行干燥,适用于汽车维修行业使用的2K-双组分丙烯酸、聚氨酯漆干燥,如图1-7所示。

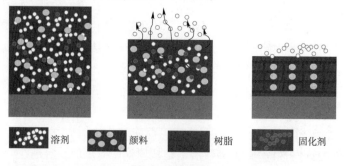

图1-7 强制干燥

优点:光泽度和保护性都接近原厂高温烤漆,施工简单、省时。

缺点：涂料成本高于高温烘烤漆。

原理：依靠固化剂促使树脂发生自交联反应，化学干燥。

（3）烘烤干燥。烘烤干燥是干燥速度最快的方法，烘烤温度在100℃或更高。最常用的温度为135℃~180℃烘烤20min，适用于汽车OEM高温固化型涂料（热固性）干燥，如图1-8所示。

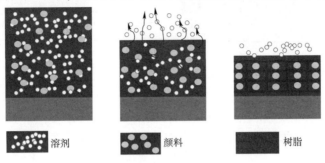

图1-8 烘烤干燥

优点：具有优质的保光性、保色性和耐候性。

缺点：需要高温固化，不适合汽车修补行业。

原理：高分子交联反应，化学干燥。

5.汽车修补涂料的种类

在汽车漆膜修补作业中，根据标准作业工序需要使用到的汽车车身修补涂料有底漆、原子灰、中涂底漆、面漆等。

（1）底漆。汽车表面的漆膜一般由底漆、中涂底漆、面漆三个涂层共同构成，最里面的一层称为底漆涂层。底漆是直接涂布于物体表面的基础涂料，它是被涂物面与涂层之间的黏结层，使之上的各涂层可以牢固地结合并覆盖在被涂物体上。同时，底漆在钢板表面形成干膜后，可以隔绝或阻止钢铁表面与空气、水分及其他腐蚀介质直接接触，起到缓蚀保护作用，即使面漆层被破坏，钢铁也不至于很快生锈。

底漆可分为单组分和双组分两种类型，常见的底漆有：磷化底漆、环氧底漆、硝基底漆、聚氨酯底漆，详见表1-1。

底漆的种类　　　　　　　　　表1-1

种　类	单/双组分	防锈力	附着力	易用性	备　注
磷化底漆		◎	○	◎	主要用于铝合金钢板维修
环氧底漆		◎	◎	△	—
硝基底漆		△	△	◎	用于快速修补
聚氨酯底漆		◎	◎	◎	—

注：◎优秀；○一般；△差。

(2)原子灰。原子灰是用颜料、树脂、溶剂调配而成的呈浆状的材料,如图1-9所示。

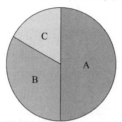

A.颜料:提供填充力
B.树脂:提供附着力
C.溶剂:溶解树脂,有助混合

图1-9 原子灰组成

用过氧化物作为固化剂,可根据实际需要随时调配使用。原子灰能使受到损坏的底材恢复到损伤前的形状,主要起填充作用,是一种低成本的修补方法。原子灰可分为单组分和双组分两种类型,常见的原子灰见表1-2。

原子灰的种类 表1-2

种 类	单/双组分	特 性
聚酯原子灰		主要用于钢板维修,分为薄、中、厚三种类型
环氧原子灰		附着力出色,主要用于树脂零件修补
聚氨酯原子灰		用于快速修补
光固化原子灰		可见光或紫外线下固化,速度快多用于简单修复
硝基原子灰		中涂底漆工序后用于填补针孔及砂纸印(填眼灰)

(3)中涂底漆。中涂底漆涂层在涂层组合中是在面漆层下、原子灰层上的中间涂层(图1-3)。主要起到增强涂层间附着力、加强底漆层的封闭性及填充细微痕迹的作用。因此,中涂底漆要有一定的附着力、耐溶剂性及填充性,以保证为面漆提供一个完美的施工表面并能突出面漆的装饰性。

中涂底漆可分为单组分中涂底漆和双组分中涂底漆两种类型,具体见表1-3。

中涂底漆的种类 表1-3

种 类	单/双组分	作 用	特 性
硝基中涂底漆		适用于小面积修补,不可喷涂在塑料件上	干燥速度快,但综合性能较差
聚氨酯中涂底漆		极佳的填充能力,可以填补原子灰砂眼及打磨砂纸痕,具有较好的封闭隔绝作用	综合性能好,采用红外线烤灯加热15min后即可固化

(4)面漆。面漆指涂于工件最外层的漆膜,是涂层组合中唯一可见的部分,起着装饰、标识、保护底材的作用。面漆直接与各种气候条件及有害物质接触,是阻挡侵蚀的第一层保护。耐候性是面漆的一项重要指标,要求面漆在极端温变湿变、风雪雨雹的气候条件下不变

色、不失光、不起泡、不开裂。外观是漆面的另一项指标,要求漆膜外观丰满、橘皮均匀、流平好、鲜映性好,从而使汽车车身具有高质量的外观。另外,面漆还应具有足够的硬度、抗石击性、耐化学品性、耐污性和防腐蚀性等性能,使汽车外观在各种条件下保持不变。面漆可以使汽车表面呈现出各种各样的颜色,也可使汽车焕然一新。

①按颜色效果分类。面漆按照颜色效果分类分为素色漆、金属漆、珍珠漆三种,如图1-10所示。

素色漆又名纯色漆,指将各种着色颜料研磨得非常细小,均匀地分散在树脂基料中制成的具有各种颜色的涂料。素色漆常见的颜色有白色、黑色、红色、黄色等。

a) 素色漆

b) 金属漆

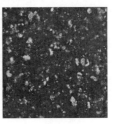
c) 珍珠漆

图1-10 面漆按颜色效果分类

金属漆又名"银粉漆""金属闪光漆",指在涂料中添加金属颜料(微细铝粒),光线射到面漆后,铝粒透过漆膜反射出来的光,从不同角度看上去像金属在闪闪发光。同时,由于有了金属成分,金属漆漆层的硬度增高,漆面不容易被剐伤。

珍珠漆与金属漆类似,只是用云母代替了微细铝粒,在漆料中添上氧化钛、氧化铁云母颜料,光线射到面漆后,先反射氧化钛、氧化铁颜色,然后在云母颗粒中发生复杂折射干涉,同时,云母本身也有一种特殊的、有透明感的颜色,这样,从面漆反射出来的光线就有珍珠般的闪光,而且氧化钛本身是黄色,变换角度观察又改变为浅蓝色,因此,珍珠漆就给人一种新奇夺目的感觉。

②按施工工序分类。汽车面漆有不同的施工工序,按施工工序不同,可分为单工序面漆、双工序面漆和三工序面漆,见表1-4。

汽车面漆种类　　　　　表1-4

分类	单工序面漆	双工序面漆	三工序面漆
类型	三喷三烤型	四喷三烤型	五喷三烤型
漆膜结构及特点	面漆提供色彩、遮盖力、硬度、光泽及耐久性,无须再喷清漆 面漆及烤干 中涂底漆及烤干 底漆及烤干 钢板	由底漆提供特殊效果及遮盖力,清漆提供光泽、硬度和耐候性 清漆及烤干 色漆 中涂底漆及烤干 底漆及烤干 钢板	先喷涂,打底色漆提供底层颜色及遮盖力,再喷涂珍珠涂层,清漆提供光泽、硬度和耐候性 清漆及烤干 珍珠漆 底色漆 中涂底漆及烤干 底漆及烤干 钢板

二、车身涂装用到的工量具、材料和安全防护知识

1. 工具、设备及材料

汽车车身涂料认知需要用的工具、设备及材料见表1-5。

汽车车身涂料认知用到的工具、设备及材料　　　表1-5

序号	名　称	图　片	功　能
1	原厂漆结构教具		涂层结构学习及考核
2	修补漆结构教具		涂层结构学习及考核
3	素色漆板件教具		面漆学习及考核
4	银粉漆板件教具		面漆学习及考核
5	珍珠漆板件教具		面漆学习及考核
6	对色灯		提供不同光源
7	单/双组分涂料		单/双组分涂料学习及考核

2.安全防护知识

汽车车身涂料认知安全防护要求比较简单,只需要穿着工作服、安全鞋,戴工作帽即可。

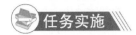

一、实训资源

(1)实训场地:干磨房4个,每个干磨房可设2~4个工位。

(2)实训板件:原厂漆板件教具4~8套、修补漆板件教具4~8套、单/双组分涂料套装4~8套、素色漆板件教具4~8套、金属漆板件教具4~8套、珍珠漆板件教具4~8套。

(3)工具耗材与设备:对色灯4~8个。

二、安全注意事项

移动板件教具时,需要佩戴棉纱手套。

三、操作过程

汽车车身涂料认知操作方法及说明见表1-6。

汽车车身涂料认知操作方法及说明　　　　表1-6

步骤	操作方法及说明	质量标准及记录
1.原厂漆结构认知	请将桌上的卡片放在板件对应的涂层位置 磷化膜层　素色面漆层　清漆层　珍珠层 中涂底漆层　电泳漆层　金属色漆层　底色漆层	□正确辨认原厂漆涂层结构
2.修补漆结构认知	请将桌上的卡片放在板件对应的涂层位置 面漆层　原子灰层　底漆层 中涂底漆层　旧涂层　金属底材	□正确辨认修补漆涂层结构

续上表

步骤	操作方法及说明	质量标准及记录
3. 单/双组分涂料认知	请将桌上的卡片放在对应的涂料旁 单组分　　双组分	□ 正确辨认出单/双组分涂料
4. 面漆认知	请将桌上的卡片放在对应的板件上 素色漆　金属漆　珍珠漆 单工序　双工序　三工序	□ 正确辨认出板件的面漆类型

任务评价

汽车车身涂料认知步骤考核评分记录见表1-7。

汽车车身涂料认知步骤考核评分记录表　　　　　　　表1-7

类别	序号	项目	考核内容及要求	配分	评分标准(各项配分扣完为止)	得分
专业知识（40分）	1	汽车车身涂装作用	正确描述汽车车身涂装的作用	10	能回答问题,但回答不完整,按比例扣分;不能回答,扣10分	
	2	汽车涂料组成	正确描述汽车车身涂料的基本组成	10	能回答问题,但回答不完整,按比例扣分;不能回答,扣10分	
	3	汽车车身涂层结构认知	正确描述原厂漆与修补漆的区别	10	能回答问题,但回答不完整,按比例扣分;不能回答,扣10分	
	4	汽车修补涂料种类	正确描述汽车修补涂料的种类	10	能回答问题,但回答不完整,按比例扣分;不能回答,扣10分	
操作技能（60分）	1	原厂漆结构	正确辨认原厂漆涂层	10	辨认错一个,扣2分;缺一个,扣2分	
	2	修补漆结构	正确辨认修补漆涂层	10	辨认错一个,扣2分;缺一个,扣2分	
	3	汽车修补涂料	正确辨认单双组分涂料	10	辨认错一个,扣5分;缺一个,扣5分	
	4	面漆	正确辨认素色漆、金属漆、珍珠漆	10	辨认错一个,扣3分;缺一个,扣3分	
			正确辨认单、双、三工序	10	辨认错一个,扣3分;缺一个,扣3分	
	5	操作规程	操作规程执行情况	5	违反操作规程,不得分	
	6	清理现场（5S管理）	工具和设备摆放整齐	5	少收一件工具、设备,扣1分	
		分数总计		100	最终得分	

考核员签字：_____　　　　　　　　　　日期：_____年_____月_____日

任务2　汽车维修涂装安全及职业道德（五级、四级、三级）

▶ 建议学时:2学时

考核要求

一、知识要求

1. 能列举出漆面修补作业中接触的有害物及对人体的伤害。
2. 能说出汽车涂装作业安全防护用品的种类及作用。
3. 熟知汽车涂装作业过程中的应急措施。

4. 知道涂装行业降低 VOC 排放的环保措施及废弃物的处置方法。
5. 熟悉汽车车身涂装修复工的基本职业道德要求。

二、技能要求

1. 能够根据涂装作业的类型正确选择对应的安全防护用品。
2. 能正确佩戴安全防护用品。

一、漆面修补作业中接触的有害物及对人体的伤害

在汽车漆面修补作业过程中,经常会接触到各种不同车身漆面修补用的涂料,如有机溶剂、原子灰固化剂、色母,以及打磨粉尘等。如果作业过程中不做正确的安全防护,将会对身体造成较大的伤害。同时,喷涂车间的设施老旧、作业环境污染也会影响身体健康。

1. 打磨作业中粉尘对人体的伤害

在汽车漆面修补作业中,底材处理作业、原子灰施工作业、中涂底漆施工作业、抛光作业中都包含有大量的打磨工作,而打磨作业避免不了粉尘的产生。打磨的车身涂料粉尘通过呼吸道、皮肤进入人体后将很难排除,所以,在操作前必须做好充分的安全防护。

(1) 长期接触或吸入粉尘,对皮肤、角膜、黏膜等产生局部的刺激作用,并引发一系列的病变。如粉尘作用于呼吸道,早期可引起鼻腔黏膜机能亢进,毛细血管扩张,久之便形成肥大性鼻炎,最后由于黏膜营养供应不足而形成萎缩性鼻炎,还可形成咽炎、喉炎、气管及支气管炎,作用于皮肤,可形成粉刺、毛囊炎、脓皮病。

(2) 长期吸入粉尘会引起肺部弥漫性、进行性纤维化为主的全身疾病。

(3) 粉尘长期积聚会造成肺炎及中毒。

2. 喷漆作业常用的材料以及对人体的伤害

水性漆稀释采用的是去离子水,但其基本成分中仍存在挥发性有机物(Volatile Organic Compounds, VOC),相比溶剂型涂料,水性漆是环保的,其 VOC 排放量极低,但对于漆工个人安全及健康而言,危害依然存在,喷漆技师不能因为是环保漆就忽略防护用品的穿戴。而且,现在大部分使用的水性漆是底漆和色漆,清漆等涂层依然以溶剂型为主。

溶剂型涂料稀释剂采用的是挥发性有机溶剂,其基本成分还含有大量的有机溶剂,在没有正确安全防护下,对漆工个人安全及健康存在较大的危害。图 1-11 所示为水性漆和溶剂型漆有机溶剂对比。

二、涂装安全防护用品

安全防护用品是指涂装作业时直接穿戴在身上,以保护身体的某些或全部部位的器具,使其免受伤害,或者将涂装导致的伤害降低到最低。

个人安全防护就是按照操作要求穿戴安全防护用品,个人安全防护用品是保护操作人员人体健康的最后一道防线。防护的部位有呼吸器官、头部、手部、皮肤、眼睛、耳朵及身体的其他部分,各种防护器具因保护身体部位及工作性质不同,其构造、性能及使用方法也会有所不同,具体见表1-8。

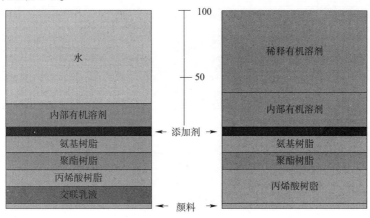

图1-11 水性漆和溶剂型漆有机溶剂对比图

涂装作业过程中防护用品 表1-8

防护用品名称	防护用品图片	作 用
耳塞		佩戴耳塞来降低噪声分贝,以保护耳朵的健康,同时可以防止打磨粉尘、挥发性有机溶剂进入耳朵造成损伤
护目镜		防止眼睛接触有害的含有稀释剂、固化剂的涂料,防止飞溅液体和打磨灰尘进入眼中
防尘口罩		保护呼吸系统免受打磨产生的固体微粒的侵害
过滤式呼吸面罩		保护呼吸系统免受固化剂中的聚异氰酸酯挥发的侵害
供气式防毒面罩		保护呼吸系统免受挥发性有机溶剂、漆料颗粒的危害

续上表

防护用品名称	防护用品图片	作用
棉纱手套		多用于打磨作业及搬运板件
耐溶剂手套		多用在原子灰调配与打磨、漆料的调配与喷涂及调色等接触涂料的作业中
防静电喷漆服		防止化学物品、溶剂等漆雾和粉尘与身体发生接触,从而避免引起对身体的伤害
安全鞋		鞋头部位带钢片,防砸、防压、防刺穿;鞋底具有绝缘性好、耐溶剂、耐滑性好等特点

三、涂装作业过程中应急措施

涂装作业过程中,经常会出现因不慎吸入、皮肤接触、眼睛接触、不慎食入等伤害身体健康的情况,可采取以下急救措施。

1. 不慎吸入

如果不慎吸入有毒气体,立即将作业者移至有新鲜空气的环境中,保持身体温暖、放松,让受害者休息,咨询并送医院。

2. 皮肤接触

(1)脱去所有被污染的衣物和鞋。

(2) 救治受污染的人员时,穿戴适当的保护用品。

(3) 用肥皂和水或其他皮肤清洗剂彻底清洗受污染的皮肤,不要使用溶剂或稀释剂。

(4) 如果身体部分出现红肿、破溃等情况,立即就医。

3. 眼睛接触

在涂漆作业过程中涂料、溶剂不小心飞入眼睛时,需立即用应急冲淋洗眼器冲眼睛至少 15min 后送医,图 1-12 所示为应急冲淋洗眼器。

图 1-12 应急冲淋洗眼器

4. 不慎食入

如果不慎食入,需立即就医,保持放松,严禁使用各种方法催吐。

四、使用汽车车身涂料的环保措施

汽车车身涂料对环境的影响主要有以下两个方面:涂料中 VOC 的排放和废弃物的处置。除了通过选择固体含量高的涂料及水性涂料来降低涂料中挥发性有机化合物的用量外,修理厂还可以采用以下环保措施减少 VOC 排放,降低污染。

1. 选择环保喷枪来降低涂料浪费

使用高流量低气压(HVLP)喷枪可以将涂料传递效率由 30%~40% 提高至 65%,减少油漆用量,减少飞散油漆量,从而达到减少 VOC 排放的目的。采用 HVLP 喷枪可以大大降低油漆散失,降低 VOC 的同时,经济效益也很可观。

2. 采用活性炭吸附法降低废气中有害物质的排放

利用活性炭作为物理吸附剂,将 VOC 吸附在活性炭表面。具有吸附能力的物质还有氧化硅、氧化铝等,活性炭应用最为广泛。将活性炭装入容器中,安装在排风管道中,废气经过活性炭吸附后从另一端排出。使用过的活性炭可以再生,也可把使用过的活性炭交给具备专业环保资质的废弃物处理中心回收焚烧处理,更换新的活性炭。

3. 废弃物处理

涂料在使用过程中,除了会产生废气、废水外,还会产生一些液、固态废弃物,如含有颜料的有机废溶剂、过期的产品以及沾有涂料的一些清洁布等。按照《中华人民共和国固体废物污染环境防治法》《国家危险废物名录》,涂料废物在 49 类中涉及 3 类,分别是 HW12 喷涂、涂料废物,HW42 废有机溶剂,HW49 其他废物。

这些在《国家危险废物名录》中的危险废物如不妥善处置,不仅污染环境,影响作业现场人员的健康,还极易引起火灾。若将废涂料直接排放,则会对大气、土壤及水源造成极大的破坏。废涂料中的溶剂挥发会污染大气;有害物质残留在土壤中会影响植物的生长并对食品造成污染;如果排放至下水道,会影响河道的生物链,水中残留的重金属会对人体造成直接危害。因此,涂料废弃物必须由具备国家环保资质的专业废弃物处理中心处理。除油、遮蔽作业所产生的除油布、遮蔽纸等废弃物,清洗喷枪及清洁工具使用过的稀释剂、剩漆等废涂料,粉尘、废抹布、废纸、废溶剂等固态、液态废弃物都属于危险废弃物,必须专门存放在隔离火源、热源的地方,不能与普通垃圾一同存放和处理,定期由具备环保资质的废弃物处理中心回收后在专用焚烧炉集中焚烧。由于原子灰在与含过氧化物的固化剂反应时产生热量(温度可达80℃),所以,剩余的已经添加固化剂的原子灰不能与其他涂料废弃物丢弃在一起,最好在施工后将其丢弃在盛水的容器内,冷却后再与其他危险废弃物一同存放,最终交由具备专业环保资质的废弃物处理中心回收处理。

五、汽车车身涂装修复工职业道德

汽车车身涂装修复工作为汽车维修行业从业人员,不仅要有良好的专业技能水平,更要有基本的职业道德素养。

1. 职业道德基本知识

(1)道德:是指人与人之间的关系、人与社会之间的行为规范的总和。道德在提高人们的精神境界,改善人们的社会关系,培养人们的素质,形成良好的社会风气等方面有着特殊作用。

(2)社会公德:是指对一定范围内的道德进行的规范,是社会道德体系的基础,是社会文明程度的表现,是全体公民在广泛的社会交往中和公共生活中都应该遵循的基本行为准则。

(3)职业道德:是指同人们的职业活动联系的,具有自身职业特征的道德准则和规范,是职业范围内形成的特殊的道德。

(4)汽车维修职业道德:是指汽车维修技术人员在汽车维修工作中必须遵循的职业道德准则和行为规范。

2. 汽车维修从业人员职业守则

汽车维修行业从业人员应积极培育和践行富强、民主、文明、和谐、自由、平等、公正、法治、爱国、敬业、诚信、友善的社会主义核心价值观。促进加强汽车维修行业精神文明建设,营造良好的汽车维修市场经济秩序。

(1)守法经营、接受监督。遵守国家法律、法规和规章,端正经营行为,全面公开汽车维修作业规范、收费标准、监督电话;严格按照国家有关规定合理结算费用,依法开具发票。自觉接受行政监督、舆论监督、社会监督。

(2)诚信为本、公平竞争。坚持诚信为本,以优质服务、用户满意为宗旨参与市场竞争。公正签定并忠实履行汽车维修服务合同,不擅自减少作业项目,不使用假冒伪劣配件,不做虚假广告宣传。

(3)尊重客户、热忱服务。牢固树立"质量第一,客户至上"的观念,从业人员持证上岗,亮牌服务,举止文明;建立客户档案,定期跟踪回访,主动征求意见;开展提醒服务,答复客户咨询,排除客户疑虑;努力满足客户要求,维护客户正当权益。

(4)弘扬职业道德、建设精神文明。发展企业文化,建立服务品牌。倡导爱岗敬业精神,树立团队合作意识。充分调动企业员工积极性,开创奋发向上的比、学、赶、帮新局面。开展服务规范化达标活动,树立行业新风尚。

(5)规范操作、保证质量。建立健全汽车维修质量保证体系,全面贯彻执行国家标准、行业标准和企业标准,认真做好汽车维修检验记录,按规定签发汽车维修出厂合格证,及时受理客户投诉,承担质量保证责任。

(6)重视安全文明生产、环保意识强。搞好文明生产和安全生产,防止污染,保护环境,不断完善服务设施和服务功能,做到厂区整洁,环境优美,布局合理;实现作业现场安静;维修工具、机件、场地、人身清洁;工具、机件、油水不落地。

(7)自我管理、自我发展。自觉抵制非法行为,勇于同侵害行业利益的行为作斗争,捍卫行业合法权益;通过正常渠道反映企业的意见与要求,不断提升行业整体素质。

(8)科技兴业、开拓创新。确立科技兴业新思路,积极推广应用汽车维修新技术、新工艺、新材料、新设备;更新管理理念,优化企业管理,增强市场竞争能力;加强行业培训与交流,开展业内的横向联合与协作,促进行业的技术进步。

一、实训资源

(1)实训场地:涂装实训工位。

(2)工具耗材与设备:假人4个、桌子(摆放防护用品)、耳塞、护目镜、防尘口罩、过滤式呼吸面罩、供气式防毒面罩、棉纱手套、耐溶剂手套、防静电喷漆服、安全鞋等各种防护用品各4套。

二、安全注意事项

本实训任务需穿着工作服、安全鞋,戴工作帽。

三、操作过程

防护用品穿戴具体操作方法及说明见表1-9。

表1-9 防护用品穿戴具体操作方法及说明

步 骤	操作方法及说明	质量标准及记录
1.打磨	在打磨旧漆层、打磨原子灰、打磨中涂底漆等有粉尘的打磨作业时,需穿戴防护用品。请选择正确的防护用品并给假人穿戴好	□正确穿戴防护用品
2.施涂底漆	在施涂底漆作业时,需穿戴哪些防护用品?请选择需要的防护用品并给假人穿戴好	□正确穿戴防护用品
3.施涂原子灰	在施涂原子灰时,需穿戴哪些防护用品?请选择需要的防护用品并给假人穿戴好	□正确穿戴防护用品

续上表

步　骤	操作方法及说明	质量标准及记录
4.喷涂面漆	在喷涂面漆时,需穿戴哪些防护用品?请选择需要的防护用品并给假人穿戴好	□正确穿戴防护用品
5.5S 整理	工具、设备场地整理和复位	□按 5S 要求整理

任务评价

汽车维修涂装车间的安全生产考核评分记录见表1-10。

汽车维修涂装车间的安全生产考核评分表　　　　　　表 1-10

类别	序号	项　目	考核内容及要求	配分	评分标准(各项配分扣完为止)	得分
专业知识 (30分)	1	对人体的伤害	正确描述漆面修补作业中接触的有害物及对人体的伤害	5	能回答问题,但回答不完整,按比例扣分;不能回答,扣5分	
	2	应急措施	正确描述涂装作业过程中可采取的应急措施	5	能回答问题,但回答不完整,按比例扣分;不能回答,扣5分	
	3	环保措施	正确描述使用汽车车身涂料的环保措施	10	能回答问题,但回答不完整,按比例扣分;不能回答,扣10分	
	4	职业道德	正确描述汽车车身涂装修复工职业道德基本要求	10	能回答问题,但回答不完整,按比例扣分;不能回答,扣10分	
操作技能 (70分)	1	打磨	劳保用品的选择和正确穿戴	15	缺一件,扣5分; 选错一件,扣5分; 穿戴方法错误,扣5分	
	2	施涂底漆	劳保用品的选择和正确穿戴	15	缺一件,扣5分; 选错一件,扣5分; 穿戴方法错误,扣5分	
	3	施涂原子灰	劳保用品的选择和正确穿戴	15	缺一件,扣5分; 选错一件,扣5分; 穿戴方法错误,扣5分	
	4	施涂面漆	劳保用品的选择和正确穿戴	15	缺一件,扣5分; 选错一件,扣5分; 穿戴方法错误,扣5分	
	5	操作规程	操作规程执行情况	5	违反操作规程,不得分	
	6	清理现场 (5S管理)	清理、擦洗并回收工具和设备	5	少收一件工具、设备,扣1分	
		分数总计		100	最终得分	

考核员签字:_____　　　　　　　　　　　日期:_____年___月___日

项目二 底材处理技术

项目描述

经过钣金修理或者无需钣金修理的受损漆面,需要送入喷漆修理区的前处理工位进行底材处理。底材处理是指对车身受损漆面进行清理、评估表面状况、去除旧漆膜和打磨羽状边,如有裸金属露出,则需要进行防锈处理,做好刮涂原子灰之前的准备。底材处理的好坏,对漆面的寿命和外观有决定性影响,换句话说,规范的底材处理是保证喷漆质量的基础。底材处理没做好,漆面的基础就不牢,可能出现各种问题,甚至直接影响漆面修复效果。因此,车身漆面修复第一步是必须进行规范的底材处理。

本项目通过对底材处理应用到的打磨工具、设备、使用材料及底材处理操作流程和方法进行讲解,使读者掌握简单表面和复杂表面底材处理的专业知识和操作要点。

任务1 简单表面底材处理(五级)

▶ 建议学时:4学时

一、知识要求

1. 能叙述简单表面底材处理的标准操作流程。
2. 能说出底材处理对漆面修复的重要性。
3. 掌握简单表面去除旧漆膜的方法。
4. 能讲解打磨羽状边的重要性。
5. 能说出底材处理过程中的安全防护要求和设备的操作规范、维护及安全事项。

二、技能要求

1. 能正确使用四种评估方法之一评估受损漆面。
2. 能正确选用单作用研磨机进行简单表面旧漆膜去除。
3. 能正确选用双作用研磨机进行简单表面羽状边打磨。
4. 能判断简单表面底材处理后的效果。

任务准备

一、简单表面底材处理基础知识

车身板件表面形状一般由车身线、平坦面、凸面及凹面构成。其中,单纯的平面或者凸面称为简单表面,凹面或者由两个及以上形状的组合面称为复杂表面。简单表面底材处理主要包括清洁、评估损伤漆面范围、去除旧漆膜和打磨羽状边,必要的时候进行防锈处理。底材处理的标准操作流程如图2-1所示。

图2-1 简单表面底材处理的标准操作流程

1. 清洁

经过钣金修理或者无须钣金修理的受损漆面,其表面存在有脏污、灰尘、油脂等,为了更好地评估受损范围,需要先清除表面污物。清洁步骤为:第一步,对要评估的板件表面进行吹尘,如图2-2所示,要求吹尘枪垂直于板件并尽量靠近但不能碰到板件;第二步,对吹完尘的漆面进行除油,如图2-3所示,要求除油采用"一湿一干"方式进行,确保在除油剂干燥之前用另一块干净的擦拭布擦拭表面,做到彻底除油。

图2-2 吹尘

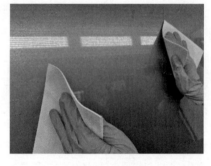
图2-3 除油

2. 评估损伤范围

表面清洁后需要对板件进行全面的评估,首先确定旧漆的类型和总体的状况,然后检查旧漆是否完整,确定是直接打磨羽状边还是需彻底去除旧漆膜后再打磨羽状边。在这个阶段,如漏过缺陷,以后纠正的代价将会很昂贵,即使是很小的表面缺陷,将来也有可能导致整个板件都要重新打磨和重新喷涂。

评估损伤范围的方法不止一种,比较常用的有四种,见表2-1。

3. 去除旧漆膜

由于受损漆面已经被破坏,为了确保原子灰的附着力,此时需要选用相应的工具设备将标记出来的损伤区域去除旧漆膜。

对于漆膜比较薄的漆面,可以选用偏心距大(建议选用5号及以上)的粗磨双作用研磨机,如图2-4所示,如果选用偏心距小的磨头则需要消耗比较多的时间,效率低。当底材是镀锌板时,用不粗于P80的干磨砂纸;当底材是铝材塑料件、玻璃钢时,用不粗于P150的干磨砂纸。由于目前的干磨设备都是伴随吸尘作用的,切记贴砂纸时应将砂纸的孔与打磨头托盘的吸尘孔对齐。开始打磨时,建议将转速先调到中间转速,在打磨过程中再进行适当的调整,同时,打磨机务必在打磨头托盘接触工件后才能启动。打磨时,将打磨头与工件的角度控制在5°~10°,且打磨时不要大力按压打磨头,也不可以长时间研磨一个部位。

评估损伤范围的方法　　　　　　　　　　　表 2-1

序　号	评 估 方 法	评估示意图
1	目视法。利用反射光线的反射原理,从多角度、大范围观察,并不断地移动目光,这样容易找出变形的范围,是常用的评估方法之一	
2	触摸法。从多个方向触摸需要修复的工件表面,戴上棉质手套,将注意力集中到手上,从未受损面到受损面来回移动。朝着指尖方向大范围触摸可以更容易地感觉到表面的凹陷和凸起,是常用的评估方法之一	
3	对比法。将直尺置于需修复的工件表面,比较未受损部位和受损部位与直尺之间的间隙来判断,此评估方法有一定局限性,容易受板件形状影响	
4	按压法。通过用拇指按压检查张力,拇指压力以指甲尖变白为宜,将受损部位与非受损部位的张力进行对比评估,如果受损表面高且张力小,则需要维修钢板	

对于漆膜比较厚且比较硬的漆面,应选用研磨力较大的单作用研磨机,配合P60~P80的干磨砂纸,如图2-5所示。一般来说,首先根据所画出来的损伤区域,将临界边缘的旧漆膜去除,待临界边缘上的旧漆膜去除后,再去除中间剩余的旧漆膜。对于凹陷处的旧涂膜,打磨机打磨不到,则要用手工砂纸除去,一定要将损伤区的旧涂膜全部去除。如果未去除干净,修补后此处将会产生涂膜缺陷。其他的操作步骤、方法、注意事项等与选用双作用磨头相同。

图2-4　双作用研磨机去除旧漆膜　　　图2-5　单作用研磨机去除旧漆膜

4. 打磨羽状边

旧漆膜去除后将会留下明显的漆膜台阶,打磨羽状边的目的是消除裸露金属与旧涂膜之间的台阶,使原子灰层和旧漆膜边缘平滑过渡,从而使其接地更好,如图2-6所示。判断羽状边质量的标准有两个方面:一是确保钢板和旧涂层平滑过渡(触摸无明显阶梯感),这一点非常重要;二是确保羽状边的宽度约20mm(对于较厚的漆层则要求更宽一些),同时要确保已在羽状边外缘的外侧研磨了宽度为30~50mm的毛边。

图2-6　羽状边打磨示意图

打磨羽状边选用双作用研磨机,配合P120~P180干磨砂纸进行打磨,粘贴砂纸时同样要对齐吸尘孔,以更好地改善工作环境。为了避免在钢板上留下较深的划痕,打磨机托盘接触工件后,再启动打磨机。打磨时,将打磨机与工件的角度控制在5°~10°,尽量用托盘的1/3的面积去打磨,打磨机转速根据熟练程度进行调节,不宜过快也不宜过慢。采用从旧漆膜移至裸金属方向打磨,顺着打磨机的旋转方向顺时针方向打磨,如图2-7所示。打磨过程中要时刻控制好打磨机与工件的角度,用力要均匀,沿着边缘从一边打磨到另一边,避免出现将裸金属区域扩大或羽状边打磨后形状不规则现象。

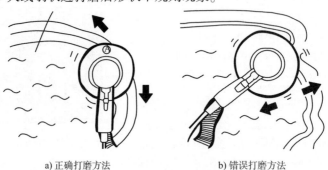

a) 正确打磨方法　　　　　b) 错误打磨方法

图2-7　羽状边打磨方式

打磨后,用触摸的方式从多个方向检查羽状边是否平滑,如果不平滑则继续打磨,如果平滑就结束羽状边的打磨,如图2-8所示。如果羽状边不平滑、研磨不充分,原子灰作业完成后容易形成原子灰印。

项目二 底材处理技术

a) 厚漆膜羽状边效果

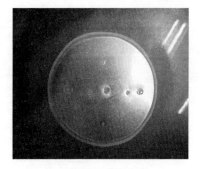
b) 薄漆膜羽状边效果

图 2-8 羽状边打磨后效果

5. 防锈处理

羽状边打磨完成后露出裸金属,则需要进行防锈处理。若裸金属面积较小,可不做防锈。防锈处理有两种方式:一种是刷子施涂防锈底漆,如图 2-9 所示,局部修补建议选用此法;另一种是喷枪施涂防锈漆,如图 2-10 所示,使用喷枪施涂前需要遮蔽,较大面积需要防锈时建议选用此法。如整板防锈处理时,要求在裸金属表面施涂一薄层底漆,干燥后漆层厚度在 15~20μm,切记不能施涂过厚,也不允许超出裸金属范围,过厚或者超出裸金属范围将影响后续原子灰的附着力。

图 2-9 刷子施涂防锈底漆

图 2-10 喷枪施涂防锈漆

二、简单表面底材处理工量具、材料和安全防护知识

1. 工具、设备知识

底材处理需要用到的工具、设备包括压缩空气系统、干磨系统、单作用研磨机等,见表 2-2。

2. 底材处理材料知识

底材处理需要用到的材料多为消耗类的用品,针对不同工序需需用对应的耗材,具体见表 2-3。

3. 安全防护知识

底材处理过程中的安全生产和规范个人防护是防止发生火灾、伤亡事故、职业病,保障人员身体健康的一个重要措施。所有的涂料均含有有机溶剂 VOC,部分固化剂中含异氰酸盐,干磨时会产生较多的粉尘。所以,涂装人员在每一个操作步骤中,都要以安全和健康为前提。切记:在工作中采取安全防护措施的成本,永远都比丧失或部分丧失劳动能力的损失低得多。底材处理过程中主要涉及两种不同的场景,需要做好对应的安全防护。

底材处理用到的工具设备　　　　　　　　表 2-2

序号	名称	图片	功能
1	压缩空气系统		提供充足的达到预定压力值的压缩空气,供给各种气动工具和设备。空气压缩机是空气供给系统的心脏,俗称气泵,它将空气的压力从普通的大气压升高到某一更高的压力值
2	移动式干磨系统		主要用于干磨,场地限制少,接通气源和电源即可使用,可接双作用研磨头、轨道式打磨头及手刨,具备吸尘集尘一体功能
3	中央集尘干磨系统		对于工位需求较多的场所建议使用中央集尘干磨系统,占地空间小,利用率更高,维护更方便,其功用与移动式干磨系统基本一致
4	单作用研磨机		接通气源即可使用,可根据需要调整其转速,主用于去除旧漆膜、除锈、打磨钣金维修痕迹等
5	底漆喷枪		主要用于喷涂底漆
6	吹尘枪		加压吹尘枪,主要用于吹尘

底材处理材料 表2-3

序 号	材料名称	图 片	使用方法
1	擦拭布		主要用于除油,除油时"一湿一干",先将除油剂喷到板件或者擦拭纸上,在除油剂未干燥之前用另一块干净的擦拭布进行擦拭
2	除油剂		将除油剂喷于擦拭布表面,用另一块干净擦拭布擦掉除油剂及其去除的油脂等残留物
3	环氧底漆		主要用于防锈,使用时配合对应比例的固化剂和稀释剂,可用毛刷施涂,也可使用喷枪施涂
4	干磨砂纸		主要用于打磨,使用时将砂纸的边缘对齐磨头的边缘,有吸尘孔的还须对齐托盘的吸尘孔。需要注意的是拆卸砂纸时,先揭开小口用手指按住托盘粘贴面后再全部揭开,以免破坏托盘黏贴层
5	遮蔽胶带		用于遮蔽及贴护,直接贴于需要保护的部位或者部分贴于遮蔽纸后再贴到板件表面即可
6	遮蔽纸		用于遮蔽,配合遮蔽胶带使用
7	毛刷		用于施涂防锈底漆,使用时先取少量底漆,然后在裸金属区域均匀施涂一薄层即可,切勿一次性施涂过多过厚

(1)涉及有灰尘的场景,如清洁板件、去除旧漆膜、打磨羽状边等,需戴工作帽、护目镜、防尘或防颗粒的口罩、棉纱手套,穿长袖工作服和安全鞋。规范的安全防护如图2-11所示。

(2)涉及有机溶剂的场景,如除油、施涂底漆等,需戴帽子、护目镜、过滤器型防毒面具、抗溶剂手套,穿喷漆防护服和安全鞋,规范的安全防护如图2-12所示。

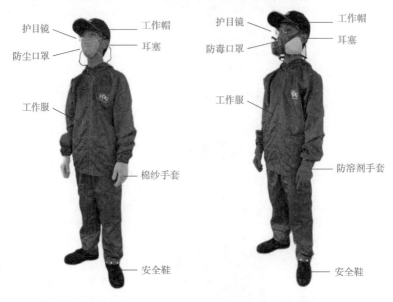

图2-11 有灰尘的安全防护　　图2-12 有溶剂时的安全防护

一、实训资源

(1)实训场地:干磨房4个,每个干磨房可设2~4个工位。
(2)实训板件:车门板或者前翼子板16块(已喷好油漆)。
(3)工具耗材与设备:中央集尘干磨系统1套或移动式干磨系统8台,单作用研磨机8个,损伤制作器2个,干磨砂纸若干、擦拭布若干、毛刷8个、底漆喷枪4把、环氧底漆1套、遮蔽纸和遮蔽胶带若干、吹尘枪8个。

二、安全注意事项

(1)操作人员应穿着工作服和安全鞋,必要时佩戴护目镜、过滤式防毒口罩和防溶剂手套等,具体见表2-4。
(2)使用电动设备,应严格按照其额定电压、频率提供电源。
(3)吹尘枪使用时谨防对人吹。
(4)用剩的底漆务必倒入专门的容器收集,不可倒入下水道,导致污染环境。

三、操作过程(以车门平面为例)

简单表面底材处理具体操作方法及说明见表2-4。

简单表面底材处理具体操作方法及说明　　　　　　　　表2-4

步骤	操作方法及说明	质量标准及记录
1.吹尘	使用吹尘枪将板件进行全面吹尘,吹尘枪尽量保持垂直且靠近板件,但不得划伤板件	□正确穿戴防护用品 □吹尘干净彻底
2.除油	采用"一湿一干"方式对板件进行彻底除油	□正确穿戴防护用品 □干净的擦拭布在除油剂未完全挥发时擦除 □除油彻底 清洁除油
3.评估损伤范围	(1)选用4种评估方法中的1种或1种以上方法进行评估损伤; (2)使用记号笔正确标记损伤范围,根据实际的损伤情况标记成相应的弧形,切勿画成方形	□正确选用评估方法 □选用触摸评估时穿棉纱手套 □损伤范围标记合理
4.去除旧漆膜	(1)根据漆膜厚度选择去除旧漆膜的方法,原车漆较薄的旧漆膜可选用偏心距5号及以上的双作用研磨机,厚漆膜选用单作用研磨机; (2)单作用研磨机选用P60~P80砂纸,双作用研磨机选用P120砂纸; (3)去除损伤范围边缘的旧漆膜;	□正确穿戴防护用品 □砂纸选用正确 □打磨机接触板件后开机 □先去除边界再去除中间旧漆膜 □旧漆膜去除干净,且边界呈弧形 去除旧漆膜

续上表

步骤	操作方法及说明	质量标准及记录
4.去除旧漆膜	(4)去除损伤范围剩下的旧漆膜； (5)去除凹陷部位残余的旧漆膜； (6)检查去除旧漆膜的效果，确保评估范围内无残留旧漆膜	
5.打磨羽状边	(1)选用双作用研磨机，条件允许时加保护垫； (2)选用P120砂纸； (3)打磨羽状边，打磨时先接触到板件再启动，小角度顺时针打磨，沿着损伤范围边缘的弧形移动，以免发生变形或者扩大裸金属面积； (4)检查羽状边打磨效果，确保达到标准； (5)扩大3~5cm磨毛区进行下一道工序； (6)清洁灰尘 打磨羽状边 注意：对于旧漆膜太厚的板件，建议使用单作用研磨机先进行羽状边预打磨，最后再用双作用研磨机过渡，从而提高打磨效果和打磨效率	□砂纸选用正确 □打磨机接触板件后开机 □打磨方法正确 □完成羽状边的打磨 □羽状边效果达标
6.防锈处理	根据实际情况选用毛刷或者喷枪在裸金属处施涂防锈底漆	□正确穿戴防护用品 □底漆施涂范围正确 □施涂效果达标
7.5S整理	板件、工具、设备场地整理和复位	□按5S要求整理

任务评价

简单表面底材处理考核评分记录见表2-5。

简单表面底材处理考核评分记录表　　　　　表2-5

类别	序号	项目	考核内容及要求	配分	评分标准(各项配分扣完为止)	得分
专业知识 (20分)	1	底材处理材料	正确描述底漆的作用和种类	5	能回答问题,但回答不完整,按比例扣分;不能回答,扣5分	
			正确描述涂层结构	5	能回答问题,但回答不完整,按比例扣分;不能回答,扣5分	
	2	底材处理流程	正确描述底材处理流程	5	能回答问题,但回答不完整,按比例扣分;不能回答,扣5分	
			正确描述羽状边的作用	5	能回答问题,但回答不完整,按比例扣分;不能回答,扣5分	
操作技能 (80分)	1	劳保用品穿戴	劳保用品穿戴齐全	5	穿戴不全或者错误,不得分	
	2	正确选用工具、设备	选用工具、设备、材料齐全准确	5	缺一件,扣1分; 选错一件,扣1分	
	3	准备	准备工作齐全	5	准备不充分,一次扣2.5分	
	4	评估损伤	按要求对损伤区域进行评估并标记范围	10	方法错误,扣5分; 未完成,扣5分	
		去除旧漆膜	使用单作用打磨机去除旧漆膜	15	方法错误,扣5分; 未完成,扣5分	
		打磨羽状边	使用双作用打磨机完成羽状边打磨	15	方法错误,扣5分; 未完成,扣5分	
		施涂防锈底漆	使用喷涂或者刷涂法完成裸金属范围底漆施涂	10	方法错误,扣5分; 未完成,扣5分	
	5	正确使用工具、设备、材料	工具、设备使用正确	5	一种工具、设备、材料使用不正确,扣2分	
					损坏、丢失一件工具,不得分	
	6	操作规程	操作规程执行情况	5	违反操作规程,不得分	
	7	清理现场 (5S管理)	清理、擦洗并回收工具和设备	5	少收一件工具、设备,扣1分	
		分数总计		100	最终得分	

考核员签字:_____　　　　　　　　　　　日期:_____年___月___日

任务2　复杂表面底材处理(五级)

▶ 建议学时:2 学时

考核要求

一、知识要求

1. 能叙述复杂表面底材处理的标准操作流程。
2. 说出底材处理对漆面修复的重要性。
3. 掌握复杂表面去除旧漆膜的方法。
4. 讲解打磨羽状边的重要性。
5. 说出底材处理过程中的安全防护要求和设备的操作规范、维护及安全事项。

二、技能要求

1. 能正确使用四种评估方法之一评估受损漆面。
2. 能正确选用单作用研磨机进行复杂表面旧漆膜去除。
3. 能正确选用双作用研磨机进行复杂表面羽状边打磨。
4. 能判断复杂表面底材处理后的效果。

任务准备

一、复杂表面底材处理的基础知识

1. 复杂表面底材处理的标准操作流程

复杂表面底材处理作业流程跟简单表面底材处理流程基本一致,不同的是在羽状边打磨时需要先划分好基础表面和相邻表面,然后逐个进行打磨。复杂表面底材处理的标准操作流程,如图2-13所示。

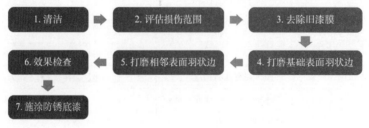

图2-13　复杂表面底材处理的标准操作流程

2. 旧漆膜去除技巧

去除旧漆膜时最容易出现的问题一是去除不干净,二是去除过度。规范的操作方法是打磨浅凹坑时单作用研磨机角度控制在20°夹角以内,如图2-14所示;打磨深凹坑时打磨机角度应立起来,确保能将深凹处的旧漆膜去除干净,如图2-15所示。

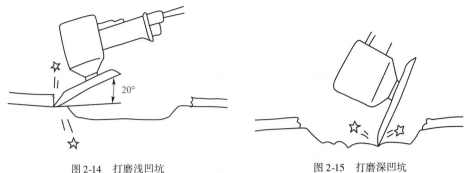

图2-14 打磨浅凹坑　　　　　　　　图2-15 打磨深凹坑

3. 车身板件表面的形状

汽车是由各种不同形状表面的板件组成，包含车身线、凸面、平面和凹面，具体分类见表2-6。

板件表面的形状分类　　　　　　　　　　　表2-6

序号	形状名称	图片案例	具体描述
1	车身线		车身线是各表面之间的边界线
2	凸面		凸面是向外弯曲的表面
3	平面		平面是几乎无曲度的平坦表面
4	凹面		凹面是向内弯曲的表面

续上表

序号	形状名称	图片案例	具体描述
5	简单表面		简单表面是由一个凸面组成的板件形状
6	复杂表面		复杂表面是由2个以上不同形状组成的板件形状

4. 复杂表面的常见类型

复杂表面是有2个以上不用形状组成的板件形状,常见类型见表2-7。

复杂表面常见类型表 表2-7

序号	常见类型名称		构成形状
1	由凸出的车身线连接的复杂表面		A为凸出的车身线 B为基础表面
2	由凹陷和凸出的车身线连接的复杂表面		A为凸出的车身线 B为凹陷的车身线 C为基础表面

续上表

序号	常见类型名称	构 成 形 状
3	由凸出的车身线连接的凸面和凹面组成的复杂表面	A 为凹面（相邻表面） B 为凸出的车身线 C 为凸面（基础表面）
4	由凸面和凹面组成的复杂表面	A 为凹面（相邻表面） B 为凸面（基础表面）

二、复杂表面底材处理工量具、材料和安全防护知识

1. 工具、设备知识

复杂表面底材处理需要用到的工具、设备包括压缩空气系统、干磨系统、单作用研磨机等与简单表面底材处理需要用到的一致（见表2-2）。

2. 底材处理材料知识

复杂表面底材处理需要用到的材料跟项目二任务1一致（见表2-3）。

3. 安全防护知识

复杂表面底材处理安全防护要求跟项目二任务1一致（见图2-11、图2-12）。

一、实训资源

（1）实训场地：干磨房4个，每个干磨房可设2～4个工位。

（2）实训板件：车门板或者前翼子板16块（已喷好油漆）。

（3）工具耗材与设备：中央集尘干磨系统1套或移动式干磨系统8台，单作用研磨机8个，损伤制作器2个，干磨砂纸若干、擦拭布若干、毛刷8个、底漆喷枪4把、环氧底漆1套、遮蔽纸和遮蔽胶带若干、吹尘枪8个。

二、安全注意事项

（1）操作人员应穿着工作服和安全鞋，必要时佩戴护目镜、过滤式防毒口罩和防溶剂手套等（见图2-11、图2-12）。

（2）使用电动设备，应严格按照其额定电压、频率提供电源。

（3）吹尘枪使用时谨防对人吹。

（4）用剩的底漆务必倒入专门的容器收集，不可倒入下水道，导致污染环境。

三、操作过程（以车门车身线为例）

复杂表面底材处理具体操作方法及说明见表2-8。

复杂表面底材处理具体操作方法及说明　　　　表2-8

步骤	操作方法及说明	质量标准及记录
1. 吹尘	使用吹尘枪将板件进行全面吹尘，吹尘枪尽量保持垂直且靠近板件，不得划伤板件	□正确穿戴防护用品 □吹尘干净彻底
2. 除油	采用"一湿一干"方式对板件进行彻底除油	□正确穿戴防护用品 □干净的擦拭布在除油剂未完全挥发时擦除 □除油彻底
3. 评估损伤范围	（1）选用四种评估方法中的1种或1种以上方法进行评估损伤范围； （2）使用记号笔正确标记损伤范围，根据实际的损伤情况标记成相应的弧形，切勿画成方形	□正确选用评估方法 □选用触摸评估时戴棉纱手套 □损伤范围标记合理

续上表

步骤	操作方法及说明	质量标准及记录
4. 去除旧漆膜	(1) 根据漆膜厚度选择去除旧漆膜的方法,原车漆较薄的旧漆膜可选用偏心距 5 号及以上的双作用研磨机,厚漆膜选用单作用研磨机; (2) 单作用研磨机选用 P60~P80 砂纸,双作用研磨机选用 P120 砂纸; (3) 去除损伤范围边缘的旧漆膜; (4) 去除损伤范围剩下的旧漆膜; (5) 去除凹陷部位残余的旧漆膜; (6) 检查去除旧漆膜的效果,确保评估范围内无残留旧漆膜	□正确穿戴防护用品 □砂纸选用正确 □打磨机接触板件后开机 (□是/□否)完成旧漆膜的去除 评估去除效果(□是/□否)达标
5. 打磨基础表面羽状边	(1) 选用双作用研磨机,条件允许时加保护垫; (2) 选用 P120 砂纸; (3) 打磨基础表面羽状边时,注意与车身线相邻部位需预留打磨余量,结合软垫后再加工; (4) 检查羽状边打磨效果,确保达到施工标准	□砂纸选用正确 □接触板件启动打磨机 □打磨方法正确 □完成羽状边的打磨 □羽状边效果达标
6. 打磨相邻表面羽状边	(1) 选用双作用研磨机,条件允许时加保护垫; (2) 选用 P120 砂纸; (3) 打磨基础表面羽状边时,注意与车身线相邻部位需预留打磨余量,结合软垫后再加工; (4) 检查羽状边打磨效果,确保达到施工标准 (5) 扩大毛边,预留 3~5cm 磨毛区	□砂纸选用正确 □接触板件启动打磨机 □打磨方法正确 □完成羽状边的打磨 □羽状边效果达标

续上表

步　　骤	操作方法及说明	质量标准及记录
7.防锈处理	根据实际情况选用毛刷或者喷枪在裸金属处施涂防锈底漆	□正确穿戴防护用品 □底漆施涂范围正确 □施涂效果达标
8.5S整理	板件、工具、设备场地整理和复位 	□按5S要求整理

任务评价

复杂表面底材处理考核评分记录见表2-9。

复杂表面底材处理考核评分记录表　　　　表2-9

类别	序号	项目	考核内容及要求	配分	评分标准(各项配分扣完为止)	得分
专业知识 (20分)	1	底材处理材料	正确描述底漆的作用和种类	5	能回答问题,但回答不完整,按比例扣分;不能回答,扣5分	
			正确描述涂层结构	5	能回答问题,但回答不完整,按比例扣分;不能回答,扣5分	
	2	底材处理流程	正确描述底材处理流程	5	能回答问题,但回答不完整,按比例扣分;不能回答,扣5分	
			正确描述羽状边的作用	5	能回答问题,但回答不完整,按比例扣分;不能回答,扣5分	
操作技能 (80分)	1	劳保用品穿戴	劳保用品穿戴齐全	5	穿戴不全或者错误,不得分	
	2	正确选用工具、设备、材料	选用工具、设备、材料齐全准确	5	缺一件,扣1分; 选错一件,扣1分	
	3	准备	准备工作齐全	5	准备不充分一次,扣2.5分	
	4	评估损伤	按要求对损伤区域进行评估并标记范围	10	方法错误,扣5分; 未完成,扣5分	
		去除旧漆膜	使用单作用研磨机去除旧漆膜	15	方法错误,扣5分; 未完成,扣5分	
		打磨羽状边	使用双作用研磨机完成羽状边打磨	15	方法错误,扣5分; 未完成,扣5分	
		施涂防锈底漆	使用喷涂或者刷涂法完成裸金属范围底漆施涂	10	方法错误,扣5分; 未完成,扣5分	

续上表

类别	序号	项目	考核内容及要求	配分	评分标准(各项配分扣完为止)	得分
操作技能 (80分)	5	正确使用工具、设备、材料	工具、设备使用正确	5	一种工具、设备、材料使用不正确,扣2分	
					损坏、丢失一件工具,不得分	
	6	操作规程	操作规程执行情况	5	违反操作规程,不得分	
	7	清理现场 (5S管理)	清理、擦洗并回收工具和设备	5	少收一件工具、设备,扣1分	
分数总计				100	最终得分	

考核员签字:_____　　　　　　　日期:_____年___月___日

项目三　原子灰整形技术

项目描述

经过项目二底材处理后的板件损伤处,为了达到涂装的要求,需要对损伤区域刮涂原子灰进行填平并打磨,使其恢复到损伤前的形状。原子灰的刮涂与打磨是喷涂修复作业中一个重要环节,原子灰施工的好坏将直接影响涂层表面最终的质量,但原子灰不能替代钣金修复的工作,过厚的原子灰会降低涂层的性能,原子灰的厚度通常不超过3mm。掌握原子灰的刮涂与打磨技能是进入车身修复的基础。

本项目通过对原子灰整形应用到的工具、设备、耗材及原子灰施涂与打磨工艺流程和方法进行讲解,使读者掌握简单表面和复杂表面原子灰整形的专业知识和操作要点。

任务1　简单表面原子灰整形(五级)

▶ 建议学时:4学时

考核要求

一、知识要求

1. 掌握原子灰种类及选用。
2. 掌握原子灰调配方法。
3. 掌握原子灰平面、外弧面的刮涂方法。
4. 掌握打磨手刨、打磨辅料的选择与使用方法。
5. 掌握原子灰平面、外弧面的打磨方法。
6. 能自我评估刮涂与打磨效果。

二、技能要求

1. 能正确使用刮涂工具。
2. 能完成平面、外弧面的原子灰刮涂作业。
3. 能使用双作用研磨机、打磨手刨及干磨砂纸等打磨辅料打磨原子灰。
4. 能评估刮涂与打磨效果。

一、简单表面原子灰整形基础知识

1. 原子灰的功用

原子灰也称作腻子,原子灰在汽车漆修补作业中的主要作用是填充(见表1-2)。

2. 简单表面原子灰施涂与打磨标准作业流程

由单纯的平面或者凸面构成的板件形状我们称为简单表面(见表2-6),简单表面原子灰整形主要包括混合原子灰、刮涂原子灰、干燥原子灰和打磨原子灰,其标准作业流程,如图3-1所示。

图 3-1　简单表面原子灰整形标准作业流程

1)混合原子灰

(1)评估用量。汽车涂装修补中底材主要以钢为主,一般选用聚酯原子灰,属于双组分型,需要添加固化剂使用,通常在20℃条件下,可以保持5min左右。因此每次取原子灰时应根据调配所需时间和刮涂所需时间,决定一次调配原子灰的用量,采用宁少勿多的原则,以免造成浪费。

(2)搅拌原子灰和固化剂。由于原子灰由颜料、树脂、溶剂等组成,原子灰和固化剂在运输和存放过程中会有沉淀现象,因此在混合之前必须确保原子灰以及固化剂充分搅拌均匀,搅拌方法如图3-2、图3-3所示。

图 3-2　搅拌原子灰　　　　　　　图 3-3　搅拌固化剂

(3)混合原子灰。取适量的原子灰放在调灰板上(每次取用的原子灰量不宜过多),按产品手册规定的比例添加固化剂,固化剂挤在原子灰的旁边。固化剂的加入量一般为

100∶2~100∶3,不可随意增加或者减少,具体数据应以涂料技术说明书为准。

混合分为以下三个步骤:①用刮刀边缘的一角提起固化剂放入原子灰中,然后用刮刀画圆,使固化剂和原子灰的混合率达到70%~80%,如图3-4所示;②铲起约一半的原子灰,将其放在剩余的原子灰上,然后按压原子灰使其平摊,如图3-5所示;③重复②过程,直至颜色均匀,避免出现大理石纹效果或未混合的固化剂。

图3-4 步骤①　　　　　　　图3-5 步骤②

2)施涂原子灰

(1)灰刀的握法。灰刀的握法有多种,没有特别的规定,比较推荐的握灰刀的有效方法如图3-6所示,食指和中指成V字形放于灰刀上方,剩余三个手指固定住灰刀。

(2)原子灰基本施涂法。原子灰施涂时灰刀的角度越接近90°,原子灰施涂越薄;灰刀与板件夹角越小,原子灰施涂越厚,所以施涂时可以根据需要的厚薄涂层来调整灰刀的角度,如图3-7所示。

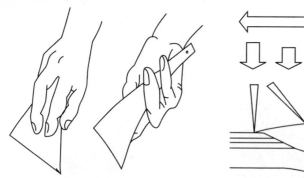 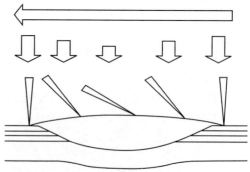

图3-6 灰刀的握法　　　　　图3-7 原子灰基本施涂法

(3)简单平面原子灰施涂方法。施涂时不要一次性施涂大量原子灰,建议分几次进行。

①薄刮。在羽状边范围内将原子灰刮薄,填补损伤处的微小划痕和小凹陷。原子灰的第一道刮涂一定要薄,以提高原子灰与板件表面的附着力,要求刮板与工件的角度控制在45°~70°之间,并适当加压进行刮涂,如图3-8所示。

②填充。薄刮后马上进行填充,填充时根据损伤范围和凹陷的大小来决定,范围越大、凹陷越深填充次数越多,直到损伤位置填满为止,每次填充后必须对原子灰边缘进行修薄边,以免产生阶梯。如果原子灰无法一次填充完成,需等上一层原子灰边缘薄涂区域干燥至可触摸的程度(原子灰干燥不粘手)后方可进行再次填充,刮涂时灰刀倾斜角度随作业者的习惯而存差异,通常以35°~45°为好,如图3-9所示。要注意原子灰中不要混入空气,

以免造成针孔气泡等缺陷。

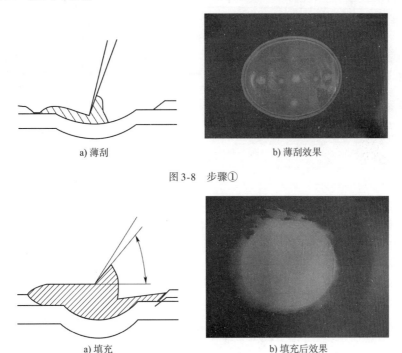

a) 薄刮   b) 薄刮效果

图 3-8　步骤①

a) 填充   b) 填充后效果

图 3-9　步骤②

③修饰。填充完成后需要修饰原子灰边缘的所有台阶以及清除研磨部位以外的残余原子灰，修饰时灰刀呈 35°半平躺轻轻刮平表面，避免将原子灰刮涂在打磨范围之外，确保原子灰已经将整个羽状边覆盖，如图 3-10 所示。

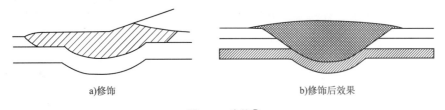

a)修饰   b)修饰后效果

图 3-10　步骤③

3）干燥原子灰

混合固化剂后的原子灰会自然固化干燥，在 20℃ 车间内 20～30min 可干燥至打磨状态，温度越高干燥速度越快，反之干燥越慢，为了加快干燥速度，可以使用红外线烤灯，如图 3-11 所示，干燥时间可以缩短至 5min 左右，为防止腻子破裂或剥落，干燥温度必须保持在 50℃ 以下，烤灯与板件距离控制在 70～90cm。

混合后的原子灰与固化剂发生化学反应，并产生大量的热量，越厚的原子灰其堆积的热量就越多，干燥时间越快，越薄的原子灰干燥反而更慢，如图 3-12 所示。因此，打磨原子灰作业前需要先判断薄涂部位原子灰的干燥情况，用较细干磨砂纸轻轻打磨原子灰薄的部位，如打磨后不粘砂纸、原子灰表面有明显白色粉末，说明原子灰已干燥，可以进行打磨作业。

图3-11　红外线烤灯干燥

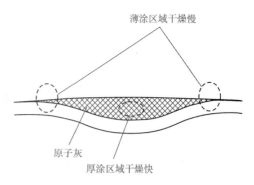

图3-12　原子灰干燥原理

4）打磨原子灰

打磨原子灰时,先粗磨后细磨,最后修整。根据工件的表面情况,可采用机磨和手磨相结合的方法,机械打磨适用于原子灰粗磨,可降低劳动强度,提高工作效率,手工打磨适用于表面修整、精修以及复杂表面原子灰打磨。根据原子灰的刮涂情况,合理选择打磨砂纸,一般来说按 P80-P120-P180-P240-P320 由粗至细的顺序选用砂纸,见表3-1,以确保打磨痕迹能被后续的研磨去掉。

干磨砂纸选用指引　　　　　　　　　　　表3-1

砂纸号	用途			
P80	粗磨			
P120	粗磨	表面整形		
P180		表面整形	表面修整	
P240			表面修整	
P320				最终修整

(1)粗磨。粗磨目的是消除原子灰表面高点,粗磨只要求初步平整,不求光滑。

打磨之前进行施涂碳粉,也叫指导层。将碳粉均匀涂抹在原子灰表面,如图3-13所示,这样能够在打磨过程中直观地看出打磨程度,发现不平整之处。对于初学者和有弧度或者曲线的表面,为了达到更高的平整度,建议选用不同尺寸、形状的手刨进行打磨;技术熟练的技师可以直接选用打磨机配合 P80 砂纸进行粗磨以提高效率,如图3-14所示。如果选用打磨机,打磨头应与原子灰接触后再启动,打磨时转速根据熟练程度进行调整,时刻观察打磨效果,同时通过触摸方法判断平整度,也可通过碳粉指示剂帮助判断。

图3-13　施涂碳粉

图3-14　打磨机粗磨

P80粗磨时不得超出原子灰刮涂范围,否则会在未受损表面上留下很深的砂纸痕。打磨时采用"井"字形或"米"字形的方法,需要从不同角度、方位打磨,保证砂纸与原子灰充分接触。

（2）表面整形。表面整形目的主要是使原子灰达到基本平整,弧形面造型与原来一致。此道打磨需要更换砂纸,打磨前务必在原子灰表面上涂抹碳粉,以方便检查打磨效果。使用P120、P180砂纸研磨表面,打磨的范围P120比P80砂纸要稍大,但不能超出原子灰范围,P180比P120稍大,打磨时可以超出原子灰范围,如图3-15所示。打磨时,沿工件的轮廓线做来回往复运动,砂纸尽量多接触到工件,来回幅度要适当长一些,以利于打磨平整。打磨过程中要经常目视和手触摸方式检查整个表面平整度。对于初学者,一般很难用手触摸来判断原子灰打磨的平整度,触摸时四指并拢并稍微贴紧工件表面,然后由未损伤区域开始往损伤处往复移动,多从几个角度触摸,就能比较容易判断出高低,如图3-16所示。

图3-15　P120打磨　　　　　　　　图3-16　判断平整度

（3）表面修整。表面修整主要目的是去除表面整形留下的砂纸痕迹,确保原子灰平整、光滑、边缘无接口。

使用手刨配合P240砂纸打磨表面,将原子灰表面打磨至正常表面平滑度的90%。更换砂纸打磨前,务必在原子灰表面上涂抹碳粉,以方便检查打磨效果,如图3-17所示,图中B区域残留碳粉较多则属于低点,A区域属于高点。全方位均匀打磨整个表面,手刨尽量多接触到工件,来回幅度要适当长一些,以利于打磨平整。打磨过程中要经常目视和手触摸表面,观察羽状边的透明度,然后将原子灰四周薄边打磨成一薄层,确保P180砂纸痕已全部去除,全部消除薄边与旧漆膜之间的阶梯,如图3-18所示。

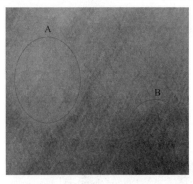
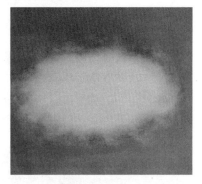

图3-17　碳粉检查平整度　　　　　　图3-18　表面修整后效果

（4）最终修整。最终修整目的主要是消除P240砂纸痕,使用打磨机配合P320砂纸打磨整个表面,打磨范围需大于P240砂纸范围,从原子灰边缘扩大打磨不少于15cm的周边毛边范围,打磨后使用压缩空气去除表面灰尘,以检查是否有中涂底漆无法填充的针孔、砂眼等细小缺陷,如果有则需要擦涂免磨填眼灰。

(5)原子灰打磨效果评估。原子灰表面与旧涂层的表面高度平齐,弧度一致,原子灰表面无明显的打磨痕迹,无砂纸痕,原子灰表面与旧漆模结合良好,过渡平顺。

二、简单表面原子灰整形工量具、材料和安全防护知识

1. 工具、设备知识

原子灰整形需要用到的工具、设备见表3-2。

原子灰整形用到的工具、设备览表　　　　表3-2

序号	名　称	图　片	功　能
1	干磨系统		中央集尘干磨,可用于原子灰打磨全过程
2	灰刀		钢片(小)刮刀是目前最常用刮涂工具; 钢片(大)刮刀是修整大损伤面刮涂工具; 橡胶刮刀、塑料刮刀适用于复杂面及铝板件刮涂
3	红外线烤灯		烘烤强制干燥
4	打磨手刨		用于手工打磨原子灰

续上表

序号	名称	图片	功能
5	碳粉指示剂		打磨原子灰时施涂碳粉指示剂（碳粉盒）方便判断平整度、打磨效果及缺陷
6	干磨砂纸		用于打磨平整原子灰,不同工序选用对应号数的砂纸（砂纸号数越小越粗,号数越大越细）
7	吹尘枪		主要用于吹尘及原子灰打磨平整后检查原子灰缺陷
8	原子灰		原子灰用于车身板件损伤填充。原子灰调配比例为100∶2～100∶3,具体数据应以涂料技术说明书为准
9	填眼灰		主要用于修补原子灰打磨后表面的细砂纸痕、砂眼等中涂底漆无法盖住的细小缺陷
10	遮蔽胶带		主要用于遮蔽未损伤区域及车身线,直接贴于要保护的车身腰线、弧线复杂面刮涂部位或者手工打磨区域

续上表

序号	名　称	图　片	功　能
11	调灰板		主要用于调配原子灰
12	磨机保护垫		保护垫为保护打磨机托盘,打磨软垫是为打磨线条及弧位设定的专用附件
13	双作用打磨机		机磨原子灰选用偏心距为5mm的双作用打磨机

2. 安全防护知识

原子灰整形过程中的安全生产和规范个人防护是防止发生火灾、伤亡事故、职业病,保障人员身体健康的一个重要措施。所有的涂料均含有有机溶剂VOC,部分固化剂中含异氰酸盐,干磨时会产生较多的粉尘。所以涂装人员在每一个操作步骤中,都要以安全和健康为前提。切记:在工作中采取安全防护措施的成本,永远都比丧失或部分丧失劳动能力的损失低得多。原子灰整形中各步骤的安全防护具体见表3-3。

原子灰整形安全防护　　　　　　　表3-3

序号	安全防护要求	图片案例	使用场合
1	工作帽、护目镜、耳塞、防尘口罩、工作服、棉纱手套、安全鞋		适用于原子灰整形所有灰尘的场合

续上表

序号	安全防护要求	图片案例	使用场合
2	工作帽、护目镜、耳塞、防毒口罩、喷漆工作服、防溶剂手套、安全鞋		适用于原子灰整形中所有有VOC的场合

任务实施

一、实训资源

（1）实训场地：干磨房4个，每个干磨房可设2～4个工位。
（2）实训板件：门板或者前翼子板16块。
（3）工具耗材与设备：中央集尘干磨系统1套或移动式干磨系统8台，原子灰8罐，刮灰刀16把，搅拌尺8把，打磨手刨8个，碳粉指示剂，干磨砂纸若干，遮蔽纸和遮蔽胶带若干、吹尘枪8个。

二、安全注意事项

（1）操作人员应穿戴工作服和安全鞋，必要时佩戴护目镜、过滤式防毒口罩和防溶剂手套等（见表3-3）。
（2）电动设备使用严格按照额定电压、频率提供电源。
（3）吹尘枪使用时谨防对人吹。
（4）用剩的原子灰务必等其冷却后再丢入有水的垃圾桶，以免引起火灾事故。

三、操作过程

简单表面原子灰施涂作业操作方法及说明见表3-4。

简单表面原子灰施涂具体操作方法及说明　　表3-4

步　骤	操作方法及说明	质量标准及记录
1.评估损伤区	（1）检查损伤区域评估原子灰用量及刮涂范围； （2）检查损伤区羽状边是否合格，打磨毛区宽度是否合格； （3）检查损伤区清洁是否干净	□正确穿戴防护用品 □吹尘干净彻底

续上表

步骤	操作方法及说明	质量标准及记录
1.评估损伤区		
2.原子灰调配	(1)判断应该取用原子灰的调配量; (2)按规定的调配比例添加一定量的固化剂。(100:2~100:3)为了更准确调配比例在调配时可以使用电子秤称重; (3)原子灰和固化剂混合会发生化学反应,干燥速度会很快,调和原子灰时速度也要快	□原子灰用量合理 □固化剂比例添加正确 □原子灰调配均匀,无杂色 原子灰调配
3.原子灰刮涂	(1)原子灰刮涂前确认刮涂表面清洁无灰尘; (2)首次需要薄刮,薄刮时需要用力下压将原子灰刮实;中间采用填充刮涂,根据损伤情况可分多次填充,最后一遍填充后损伤区域要完全填平,同时周边刮薄;最后一步刮涂要使薄边与旧漆过度平滑; (3)刮涂工序完成检查工件表面无其他缺陷	□正确穿戴防护用品 □正确选用刮刀(大、小) □刮涂选择正确刮涂方法(薄刮第一层原子灰) □损伤范围原子灰刮涂合理 原子灰刮涂
4.原子灰加热烘烤	(1)原子灰刮涂后静置几分钟后开始烘烤; (2)设定标准的烘烤距离(烤灯与工件距离一般在70~90cm),红外线烤灯使用时应保持灯头与被烤工件表面平行; (3)烘烤原子灰时间设定一般(通常为3~5min)的脉冲烘烤	□温度调节选择正确 □板件与烘烤距离选择正确 □烘烤时间设定选择正确

续上表

步　骤	操作方法及说明	质量标准及记录
5.打磨原子灰	(1)判断原子灰是否干燥； (2)确定打磨方法，可配合机磨和手工打磨相结合； (3)砂纸选用按照粗到细原则； (4)水平打磨、斜向打磨、垂直打磨的大致比例分为70%、20%、10%； (5)务必边打磨边检查，确保表面平整度	□砂纸选用正确 □打磨机接触板件后开机 □手工粗打磨方法 □正确完成原子灰去除高点及刀痕 □检查原子灰打磨平整达标 打磨原子灰
6.检查原子灰效果	手触摸检查原子灰平整度，使用吹尘枪将原子灰打磨区进行全面吹尘，吹尘枪尽量保持垂直且靠近板件，不得划伤板件，检查原子灰区域是否有沙眼或有其他打磨缺陷	□穿戴防护用品是否正确 □原子灰平整度是否合格 □检查原子灰是否有(砂纸痕、针眼等)缺陷 □评估整体效果是否达标
7.5S整理	板件、工具、设备场地整理和复位	□按5S要求整理

任务评价

简单表面原子灰整形考核评分记录表见表3-5。

简单表面原子灰整形考核评分记录表　　　　　　　表 3-5

类别	序号	项目	考核内容及要求	配分	评分标准(各项配分扣完为止)	得分
专业知识(20分)	1	原子灰材料	正确描述原子灰的作用和种类	5	能回答问题,但回答不完整,按比例扣分;不能回答,扣5分	
			正确描述原子灰和固化剂比例	5	能回答问题,但回答不完整,按比例扣分;不能回答,扣5分	
	2	原子灰施涂与打磨工具	正确描述原子灰施涂与打磨流程	5	能回答问题,但回答不完整,按比例扣分;不能回答,扣5分	
			正确描述干磨砂纸的选用依据	5	能回答问题,但回答不完整,按比例扣分;不能回答,扣5分	
操作技能(80分)	1	劳保用品穿戴	劳保用品穿戴齐全	5	穿戴不全或者错误,不得分	
	2	正确选用工具、设备、材料	选用工具、设备、材料齐全准确	5	缺一件,扣1分;选错一件,扣1分	
	3	准备	准备工作齐全	5	准备不充分一次,扣2.5分	
	4	混合原子灰	按规比例混合原子灰和固化剂	10	方法错误,扣5分;未完成,扣5分	
		施涂原子灰	按照薄刮、填充、修饰的流程完成原子灰施涂	20	方法错误,扣5分;未完成,扣5分	
		打磨原子灰	依据从粗到细的原则完成原子灰打磨	20	方法错误,扣5分;未完成,扣5分	
	5	正确使用工具、设备、材料	工具、设备、材料使用正确	5	一种工具、设备、材料使用不正确,扣2分	
					损坏、丢失一件工具,不得分	
	6	操作规程	操作规程执行情况	5	违反操作规程,不得分	
	7	清理现场(5S管理)	清理、擦洗并回收工具和设备	5	少收一件工具、设备,扣1分	
		分数总计		100	最终得分	

考核员签字:_____　　　　　　　　　　　　日期:_____年____月____日

任务2　复杂表面原子灰整形(四级)

▶ 建议学时:2学时

考核要求

一、知识要求

1. 掌握原子灰种类及选用。
2. 掌握原子灰调配方法。

3. 掌握原子灰凹面、复杂面的刮涂方法。
4. 掌握打磨手刨、打磨辅料的选择与使用方法。
5. 掌握原子灰凹面、复杂面的打磨方法。
6. 能自我评估刮涂与打磨效果。

二、技能要求

1. 能正确使用刮涂工具。
2. 能完成复杂表面原子灰刮涂作业。
3. 能使用双作用研磨机、打磨手刨及干磨砂纸等打磨辅料打磨原子灰。
4. 能评估刮涂与打磨效果。

任务准备

一、复杂表面原子灰整形基础知识

1. 复杂表面原子灰整形标准操作流程

由凹面或者由两个以上不同形状组成的板件形状我们称为复杂表面(见表2-7),复杂表面原子灰整形作业时需要先将复杂表面划分成若干个简单表面,然后逐个进行施涂与打磨,复杂表面原子灰整形标准操作流程如图3-19所示。

图3-19　复杂表面原子灰整形标准作业流程

2. 复杂表面施涂原子灰方法

复杂表面原子灰施涂作业思路是将其分解成若干简单表面,然后逐个完成施涂,本任务以凸出的车身线连接的复杂表面为例进行作业,如图3-20所示。

对于车身线连接的两个面进行原子灰施涂,其方法如图3-21所示。沿着车身线贴上胶带纸遮盖住A面,刮好B面的原子灰;待B面原子灰固化后,揭下胶带,在已刮好的B面车身线贴上胶带纸遮盖,接着刮涂好余下的A面原子灰。如此进行,可很好地恢复AB面形状及车身线的线形。

车身线部位的损坏严重,或原来的旧漆膜较厚,一次刮涂填不满时,可以如图3-22所示分成多次刮涂。这种情况下,可以在前一层处于半干的状态下,刮上新的一层。一次刮涂过厚,会形成气孔等问题。

图3-20　车身线连接的复杂表面

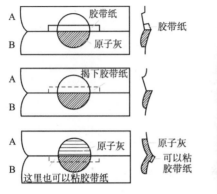
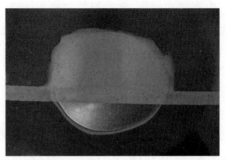

图 3-21　车身线连接的复杂表面原子灰施涂

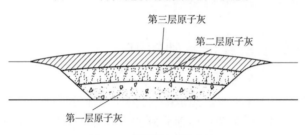

图 3-22　厚原子灰刮涂方法

3. 刮原子灰的注意事项

(1) 原子灰施涂在工件表面上的范围,须以打磨区域磨毛区为限,若直接施涂于未打磨区域,原子灰的附着力会有所下降。

(2) 施涂原子灰要快,必须在混合后 3min 以内施涂完。如果花费时间太长,原子灰就可能在施涂前固化,影响施涂。

(3) 如果刮刀在各道施涂中,仅向一个方向移动,原子灰高点的中心就有所移动。这种情况很难打磨,所以刮刀在最后一道中必须反向移动,以便将原子灰高点移回中心部位。

(4) 应在一两个来回中刮平,手法要快要稳,不可来回拖刮。拖刮刮涂次数太多,原子灰容易起毛,导致表面不平不光滑影响下道工序。

(5) 刮涂时四周的残留原子灰要及时刮干净,否则残留原子灰干燥后会增加打磨的工作量。

(6) 如果需刮涂的原子灰层较厚,要多层刮涂时,每刮一道都要充分干燥,每道原子灰不宜过厚,一般要控制在 0.5~1.0mm,否则容易收缩开裂或干不透。

(7) 在板件连接处或对整车外观影响较小处,原子灰的总刮涂厚度(打磨后)不允许超过 3mm;而在对整车外观影响较大处,特别是车身侧面,原子灰总刮涂厚度(打磨后)不允许超过 1mm。

(8) 原子灰必须比原来的表面稍高一些,但太高,就要花太多时间来打磨多余原子灰。

(9) 原子灰刮涂工具用完后,要清理干净再保存。刮刀口及平面应平整无缺口,以保证刮涂原子灰的质量。

(10) 原子灰不能长期存放于敞口的容器中,以免黏结剂变质,溶剂挥发,造成脱落或不易涂刮等问题。

4. 打磨原子灰

复杂表面原子灰打磨时思路同刮涂类似,需要先将其划分为若干个简单表面,然后逐个打磨。每个简单表面的打磨方法跟任务 1 一样,这里不再介绍。对于车身线连接的两个面原子灰打磨,其方法如图 3-23 所示。沿着车身线贴上胶带纸遮盖住 A 面,打磨 B 面的原子灰;待 B 面原子灰打磨一遍后,揭下胶带,在已磨过的 B 面车身线贴上胶带纸遮盖,接着打磨余下的 A 面原子灰。在粗磨、表面整形以及表面修整中如此进行反复进行,可很好地恢复 AB 面形状及车身线的线形。

图 3-23　车身线连接的复杂表面原子灰打磨

二、复杂表面原子灰整形工量具、材料和安全防护知识

1. 工具、设备和材料

复杂表面原子灰整形需要用到的工具、设备和材料跟简单表面原子灰整形的一致(见表 3-2)。

2. 安全防护知识

原子灰整形过程中的安全生产和规范个人防护是防止发生火灾、伤亡事故、职业病,保障人员身体健康的一个重要措施。所有的涂料均含有有机溶剂 VOC,部分固化剂中含异氰酸盐,干磨时会产生较多的粉尘。所以涂装人员在每一个操作步骤中,都要以安全和健康为前提。切记:在工作中采取安全防护措施的成本,永远都比丧失或部分丧失劳动能力的损失低得多。原子灰整形中各步骤的安全防护具体见表 3-6。

原子灰整形安全防护　　　　　　　　　　表 3-6

序号	安全防护要求	图片案例	使用场合
1	工作帽、护目镜、耳塞、防尘口罩、工作服、棉纱手套、安全鞋	护目镜、防尘口罩、工作帽、耳塞、工作服、棉纱手套、安全鞋	适用于原子灰整形所有有灰尘的场合
2	工作帽、护目镜、耳塞、防毒口罩、喷漆工作服、防溶剂手套、安全鞋	护目镜、防毒口罩、工作帽、耳塞、工作服、防溶剂手套、安全鞋	适用于原子灰整形中所有有 VOC 的场合

任务实施

一、实训资源

(1)实训场地:干磨房4个,每个干磨房可设2~4个工位。
(2)实训板件:前车门或者门板16块。
(3)工具耗材与设备:中央集尘干磨系统1套或移动式干磨系统8台,原子灰8罐,刮灰刀16把,搅拌尺8把,打磨手刨8个,碳粉指示剂,干磨砂纸若干,遮蔽纸和遮蔽胶带若干、吹尘枪8个。

二、安全注意事项

(1)操作人员应穿戴工作服和安全鞋,必要时佩戴护目镜、过滤式防毒口罩和防溶剂手套等(见表3-6)。
(2)电动设备使用严格按照额定电压、频率提供电源。
(3)吹尘枪使用时谨防对人吹。
(4)用剩的原子灰务必等其冷却后再丢入有水的垃圾桶,以免引起火灾事故。

三、操作过程

复杂表面原子灰刮涂与打磨具体操作方法及说明见表3-7。

复杂表面原子灰刮涂与打磨具体操作方法及说明 表3-7

步骤	操作方法及说明	质量标准及记录
1.评估损伤刮涂区	(1)检查损伤区域评估原子灰用量及刮涂范围; (2)检查复杂面损伤区弧线、腰线是否合格; (3)羽状边打磨毛区宽度是否合格; (4)检查损伤区清洁是否干净; (5)将复杂表面分解为A、B两个简单表面及车身线	□正确穿戴防护用品 □吹尘干净彻底
2.原子灰调配	(1)判断复杂面应该取用原子灰的调配量; (2)按产品规定的调配比例添加一定量的固化剂(100:2~100:3),为了更准确调配比例在调配时可以使用电子秤称重; (3)原子灰和固化剂混合会发生化学反应,干燥速度会很快,调和原子灰时速度也要快	□正确穿戴防护用品 □正确添加原子灰固化剂 □正确搅拌原子灰

续上表

步　骤	操作方法及说明	质量标准及记录
2.原子灰调配		
3.复杂面原子灰刮涂	(1)操作前做好个人安全防护,严格遵守安全操作流程; (2)复杂表面刮涂原子灰时需要合理使用胶带辅助; (3)车身线条损伤刮涂原子灰时,沿车身线条贴上胶带纸遮盖住一侧,先刮好另一侧原子灰; (4)等上一层原子灰干燥后,揭下遮蔽胶带纸,再在已刮涂好原子灰的一侧贴上胶带纸遮盖上部刮涂区,接着在刮涂剩余的另一侧; (5)揭下遮蔽胶纸,对刮原子灰区域进行修正,修复弧线和直线图形	□正确穿戴防护用品 □正确选用评估方法 □选用触摸评估时戴棉纱手套 □刮涂范围厚度标准
4.原子灰烘烤加热干燥	(1)设定标准的烘烤距离,(烤灯与工件距离一般在70~90cm)红外线烤灯使用时应保持灯头与被烤工件表面平行; (2)烘烤原子灰时间设定一般(通常为3~5min)的脉冲烘烤	□正确使用加热设备 □加热设备距离调节正确 □烘烤定时正确 □设定高度正确

55

续上表

步骤	操作方法及说明	质量标准及记录
5. 复杂平面、外弧面的原子灰打磨	(1) 复杂表面原子灰打磨时需要配合使用胶带纸； (2) 车身线条损伤原子灰打磨前，沿车身线条贴上胶带纸遮盖住一侧，先打磨好另一侧原子灰； (3) 揭下遮蔽胶带纸，在已打磨好的一侧贴上胶带纸遮盖上部打磨区域，在打磨剩余的另一侧原子灰； (4) 揭下遮蔽胶带纸，对原子灰打磨区域进行修整，这样可以很好地保证修复弧线和直线图形完美	□砂纸选用正确 □手工打磨正确 □正确选用打磨机 □检查复杂面打磨弧线合格 □评估打磨整体效果达标
6. 检查评估原子灰打磨效果	(1) 复杂板件损伤原子灰打磨后与旧漆表面的高度平齐，弧度、腰线要与未修复面一致，可用观察法、触摸法和辅助检测工具来检查打磨表面质量； (2) 原子灰表面无打磨的明显痕迹，无砂纸痕； (3) 原子灰打磨面要与旧漆面结合良好，整体过渡平顺； (4) 如果板件附件的棱角线无法比较，可以与车身另外一侧相同部位比较，或者找另外一辆同型号的车身对比来进行检查	□检查打磨范围内缺陷 □检查弧线腰线的形状与板件好的部位一致性 □整体效果达标
7. 5S整理	清洁工位所有工具使用完毕恢复原状、耗材、防护用品恢复原状、废弃物(除油布等)丢弃	□按5S要求整理

任务评价

复杂表面原子灰整形考核评分记录表见表3-8。

复杂表面原子灰整形考核评分记录表　　　　　　　　　　　　　表3-8

类别	序号	项　　目	考核内容及要求	配分	评分标准（各项配分扣完为止）	得分
专业知识（20分）	1	原子灰材料	正确描述原子灰的作用和种类	5	能回答问题，但回答不完整，按比例扣分；不能回答，扣5分	
			正确描述原子灰和固化剂比例	5	能回答问题，但回答不完整，按比例扣分；不能回答，扣5分	
	2	原子灰施涂与打磨工具	正确描述原子灰施涂与打磨流程	5	能回答问题，但回答不完整，按比例扣分；不能回答，扣5分	
			正确描述干磨砂纸的选用依据	5	能回答问题，但回答不完整，按比例扣分；不能回答，扣5分	
操作技能（80分）	1	劳保用品穿戴	劳保用品穿戴齐全	5	穿戴不全或者错误，不得分	
	2	正确选用工具、设备、材料	选用工具、设备、材料齐全准确	5	缺一件，扣1分，选错一件，扣1分	
	3	准备	准备工作齐全	5	准备不充分一次，扣2.5分	
	4	混合原子灰	按规比例混合原子灰和固化剂	10	方法错误，扣5分；未完成，扣5分	
		施涂原子灰	先将复杂表面分成若干简单表面，再逐个施涂完成	20	方法错误，扣5分；未完成，扣5分	
		打磨原子灰	先将复杂表面分成若干简单表面，再依据从粗到细的原则完成原子灰打磨	20	方法错误，扣5分；未完成，扣5分	
	5	正确使用工具、设备、材料	工具、设备、材料使用正确	5	一种工具、设备、材料使用不正确，扣2分	
					损坏、丢失一件工具，不得分	
	6	操作规程	操作规程执行情况	5	违反操作规程，不得分	
	7	清理现场（5S管理）	清理、擦洗并回收工具和设备	5	少收一件工具、设备，扣1分	
		分数总计		100	最终得分	

考核员签字：_____　　　　　　　　　　　日期：_____年___月___日

项目四　中涂底漆修补技术

项目描述

在汽车修补工艺中,受损的板件在经过原子灰施涂与打磨完工后,板件依然会留下细小的砂纸痕、砂眼等缺陷,无法满足高要求的面漆喷涂施工。因此,需要对原子灰区域施涂中涂底漆并打磨,施涂中涂底漆可以填补很多小缺陷,为面漆的喷涂提供良好的基础。

中涂底漆是喷涂作业中一个重要的环节,其施工的好坏将直接影响涂层最终表面的质量效果。本项目通过对汽车中涂底漆的局部喷涂、整板喷涂和免磨底漆喷涂工艺流程和方法进行讲解,从而让读者掌握汽车中涂底漆喷涂的专业知识和操作要点。

任务1　中涂底漆修补(四级)

▶ 建议学时:6学时

考核要求

一、知识要求

1. 能说出中涂底漆的材料知识。
2. 掌握应用中涂底漆整板喷涂的方法。
3. 掌握应用中涂底漆修补喷涂的方法。
4. 掌握应用中涂底漆打磨的方法。

二、技能要求

1. 能选择和调配中涂底漆。
2. 能使用底漆喷枪完成中涂底漆整板喷涂。
3. 能使用底漆喷枪完成中涂底漆局部喷涂。
4. 能使用双作用研磨机、干磨手刨及干磨砂纸等打磨辅料完成打磨。

任务准备

一、中涂底漆修补基础知识

1. 中涂底漆的作用

中涂底漆作为旧漆层、原子灰层和面漆层间的中间涂层,具有以下作用。

(1)提高附着力:增强涂层间的附着力。
(2)填充作用:能填补细小划痕、砂眼等,平整原子灰表面。
(3)保护作用:能起到隔离封闭效果,防止涂料溶剂间互相浸透而产生渗色。
(4)辅助作用:保证面漆涂层具有一定的弹性、韧性,以提高面漆丰满度。

2.中涂底漆作业安全防护

中涂底漆作业须穿戴合适的喷涂防护用品。

3.喷枪的种类

喷枪是用于喷涂涂料的设备。汽车修补涂装行业常用的喷枪是重力式喷枪和吸料式喷枪,重力式喷枪的涂料罐安装在喷枪上部,也称为上壶式喷枪,吸料式喷枪的涂料罐安装在喷枪下部。重力式喷枪如图4-1所示。

喷枪根据喷涂涂料的类型又可分为底漆喷枪和面漆喷枪。底漆喷枪用于喷涂底漆和中涂底漆,常见的底漆喷枪口径为1.6~1.8mm,雾化精细度不如面漆喷枪,但须满足雾化均匀和良好填充性的要求。对于喷涂自流平底漆则应该选择更小口径的喷枪,常见口径为1.4mm。面漆喷枪是用于喷涂色漆和清漆,常见的面漆喷枪口径为1.2~1.4mm,填充性不如底漆喷枪,但能满足雾化精细的要求。

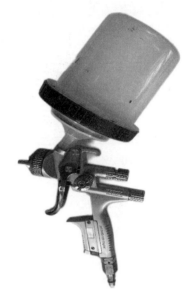

图4-1 重力式喷枪

不同的喷涂作业中,会选用不同的喷枪进行喷涂,下面我们以某品牌的喷枪为例,列举几种常用喷枪的类型,见表4-1。

常用喷枪的类型　　　　　　　　　　表4-1

底漆喷枪		面漆喷枪	
普通中涂底漆喷枪	自流平底漆喷枪	油性面漆喷枪	水性面漆喷枪
省漆高效底漆喷枪100B F RP,口径1.6mm	省漆高效底漆喷枪100 B F RP,口径1.4mm	省漆高效面漆喷枪5500 RP,口径1.3mm	环保省漆面漆喷枪5500 HVLP,口径1.3mm

4.喷枪的结构

喷枪主要由枪体手柄、气压调节旋钮、出漆量调节旋钮、扇面调节旋钮、数字气压表、气管接头枪嘴、枪针(顶针)、风帽、枪壶接头、扳机等组成,如图4-2所示。

喷枪核心三件套包括风帽、枪嘴和枪针(顶针),如图4-3所示。风帽的作用是使压缩空气将涂料雾化成一定形状的漆雾,风帽上有3种不同的孔,最中间是中央孔,中央孔两侧为辅助雾化孔,两侧伸出部位的孔为角孔,如图4-4所示。中央孔位于枪嘴外侧,作用是当压缩空气喷出时产生负压吸出涂料;辅助孔可促进涂料的雾化,雾化能力的强弱对于喷枪性能有很大影响;角孔的作用是控制漆雾的形状。

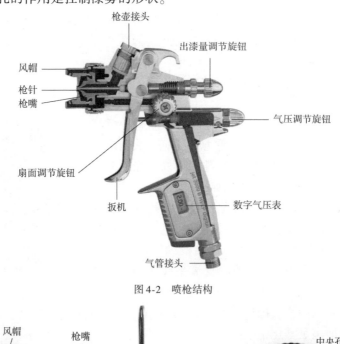

图 4-2　喷枪结构

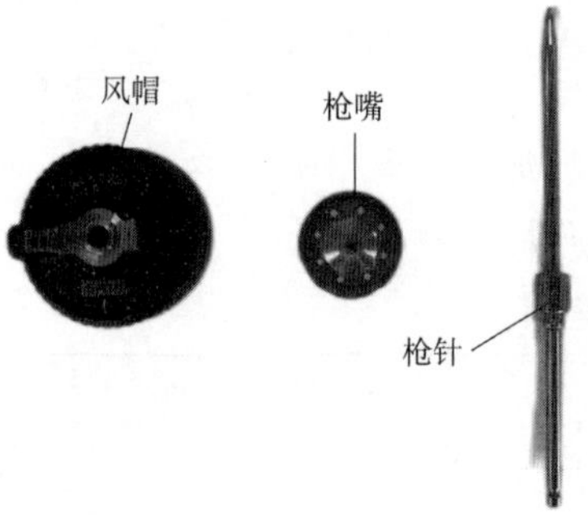

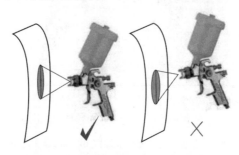

图 4-3　喷枪三件套

图 4-4　喷枪风帽

5. 喷涂的四要素

(1) 喷涂角度。喷枪与待喷涂板件表面保持垂直,如图 4-5 所示。板件表面往往有各种弧度,整板喷涂的要点是移动喷枪的同时保持喷枪与工作表面垂直成 90°。

图 4-5　喷涂角度

(2) 喷涂距离。枪嘴到板件表面的距离跟涂料种类有关,喷涂距离约为 10～20cm,素色类漆推荐距离控制在 10～15cm,金属漆推荐距离为 15～20cm。喷涂距离与涂层质量好坏有密切的关系,喷枪离得太近,涂层会过厚,容易造成流挂或橘皮等缺陷;如果喷枪离得太远,会使飞漆增多,涂层粗糙光泽度低。

(3)移动速度。喷枪沿板件直线移动或根据板件线条移动,移动速度要适中、稳定一致,通常为90~120cm/s。移动速度过快,会使涂层显得过干,流平性、光泽度、清晰度都较差;移动速度过慢,会使涂层过厚发生流挂。

(4)重叠。喷枪喷幅的重叠取决于涂料的种类及喷涂要求,一般情况下,第1遍喷涂时喷枪的重叠为1/2。第2遍、第3遍喷涂时喷枪的重叠为3/4或2/3。

喷涂路线应遵循先边角后正面、从高到低、从左到右、从上到下、先里后外的顺序进行。

6. 喷枪的清洗与维护

要保证喷枪的使用寿命及喷涂质量,必须对喷枪进行良好的清洁和维护。喷枪清洗应在使用完毕后立即进行,尤其是双组分涂料,如果不及时清洗,涂料就会固化在喷枪中,导致喷枪损坏甚至报废。喷枪的清洗方法有两种,一种是手工清洗,见表4-2。另外一种是使用洗枪机清洗。无论采用哪一种清洗方法,清洗喷枪的关键在于清洁干净枪壶、涂料通道和喷枪三件套。

手工清洗喷枪方法　　　　　表4-2

步骤	操作内容和流程
1. 预清洗	(1)拆下喷壶并封存好; (2)接通气管,将喷枪内残留的涂料全部喷出; (3)将少量洗枪水倒入喷壶接口内,继续喷涂完毕,循环直至漆雾干净
2. 拆卸喷嘴三件套	拆下枪针　　取下风帽　　使用工具包里的原装扳手取下喷嘴
3. 清洗和吹干枪身	清洗涂料通道　　清洗枪身　　使用吹尘枪吹干
4. 清洗喷嘴三件套	

续上表

步 骤	操作内容和流程
5.组装及保养喷枪	1 装上喷嘴　　2 用原装扳手旋紧　　3 装上风帽 4 在枪针接触密封圈的位置周围涂抹专用润滑油　　5 装上枪针　　6 在枪针弹簧上涂抹专用润滑油并安装 7 在涂料调节旋节旋钮的螺纹上涂抹专用润滑油　　8 安装涂料调节旋钮　　9 在板机顶杆的可见部分涂抹专用润滑油
6.5S 整理	将洗枪所用的工具等恢复原来的位置,盖好洗枪盆的盖子,垃圾及时清理,特别提醒的是废液体不得倒入下水道,应倒进专门的收集桶内

7.中涂底漆常见缺陷及原因

中涂底漆常见的缺陷有露底、流挂和尘点。露底是指喷涂不均匀,没有完全遮盖住底色。流挂是指喷涂后中涂底漆漆面像流水一样堆积在表面。尘点是指太多尘点吸附在底漆表面或者底漆里面,造成表面粗糙的现象。造成中涂底漆缺陷的原因有喷涂手法等,详见表4-3。

中涂底漆常见缺陷及原因　　　　表4-3

常见缺陷	原因分析
露底	喷涂手法不当,走枪不均匀,有漏枪现象
	喷涂过薄
流挂	稀释剂选用与当时温度和湿度不匹配
	调配不当,稀释剂过多
	喷枪调节不当,如气压过低、扇形过小、流量过大
	喷涂手法不当,如距离过近、喷涂过厚、闪干时间不足
脏点	清洁、除油、粘尘不当,有残留灰尘
	过滤不当,残留油漆杂质
	喷涂手法不当,漆雾过多

二、中涂底漆修补材料和工量具知识

(1)常用的设备、工具主要包括喷漆房、专用气管、电子秤、调漆尺、除油剂喷壶、吹尘枪、手刨、双作用打磨机、底漆喷枪等,见表4-4。

项目四　中涂底漆修补技术

设备、工具和辅料　　　　　　　　　　　　　　　　　　　　　　表4-4

序号	名　称	图　片	功　能
1	喷漆房		用于喷涂作业,具有良好的排风系统
2	专用气管		用于连接喷枪的喷涂专用气管
3	电子秤		用于称量涂料,精度达到0.1g
4	调漆尺		用于调配和搅拌涂料
5	喷壶		用于储存除油剂,雾化除油剂,以达到更好的除油效果

续上表

序号	名称	图片	功能
6	吹尘枪		用于清洁除尘
7	手刨		用于手工打磨
8	双作用干磨机		用于机器打磨
9	底漆喷枪		用于喷涂底漆和中涂底漆

（2）常用的材料。主要包括除油剂、除油布、粘尘布、漏斗、打磨碳粉、手刨、砂纸、菜瓜布、中涂底漆、固化剂、稀释剂等，见表4-5。

常用材料　　　　　　　表4-5

序号	名称	图片	功能
1	除油剂		去除油脂等污物

续上表

序号	名称	图片	功能
2	除油布		清洁车身表面的有机化合物
3	粘尘布		粘除表面的灰尘
4	漏斗		用于过滤涂料的残渣
5	打磨碳粉		用于方便打磨观察
6	砂纸		用于打磨表面材料
7	菜瓜布		用于打磨边角材料

续上表

序号	名称	图片	功能
8	中涂底漆		用于中涂底漆涂料
9	固化剂		用于双组分涂料固化,加速施工
10	稀释剂		用于稀释涂料,调整其黏度

任务实施

一、实训资源准备

(1)实训场地:喷漆房2个。
(2)实训板件:轿车或板件若干。
(3)工具耗材与设备:防静电专用气管、电子秤、调漆尺、除油剂喷壶、除油剂、除油布、粘尘布、漏斗、吹尘枪、打磨碳粉、手刨、双作用干磨机、砂纸、菜瓜布、底漆喷枪、中涂底漆、固化剂、稀释剂。

二、安全注意事项

(1)保证实训场地具有良好的通风条件,严禁火源。
(2)操作人员进入实训场地应穿戴合适的防护用品。
(3)操作人员在实训场地内禁止使用手机等电子设备。

三、操作过程

中涂底漆喷涂工作操作方法及说明见表4-6。

项目四 中涂底漆修补技术

中涂底漆喷涂工作操作方法及说明表　　　　　　　表4-6

步骤	操作方法及说明	质量标准及记录
1. 安全防护	穿戴合适的防护用品。安全帽、防护眼镜、耳塞、活性炭口罩、防静电工作服、乳胶手套、安全鞋 （图示标注：护目镜、工作帽、防毒口罩、耳塞、工作服、防溶剂手套、安全鞋）	□ 全程穿戴合适的防护用品
2. 中涂底漆调配	以某品牌 P565-510 中涂底漆为例 （1）查找产品手册，按产品手册调配要求，中涂底漆：固化剂：稀释剂＝5∶1∶1（体积比） （2）先后添加中涂底漆、固化剂和稀释剂。选择合适温度的固化剂和稀释剂，如温度高时选择慢干固化剂和慢干稀释剂，温度低时选择快干固化剂和快干稀释剂 （3）将油漆搅拌均匀，通过滤斗过滤倒进喷枪喷壶 注意：每种涂料都有一定的活化时间，应在规定的活化时间内使用完毕，切勿将调配后未使用完的涂料跟新调配的涂料混合在一起使用	□ 调配比例为体积比 □ 按产品标准调配涂料，无增加或减少调配比例 □ 涂料搅拌均匀
3. 除油	方法一：使用除油剂喷壶将除油剂均匀喷湿板件，再使用干的除油布擦干板件； 方法二：一湿一干法。使用湿的除油布擦湿板件，再使用干的除油布擦干板件	□ 完全擦湿，除油剂未干燥前完全擦干

续上表

步　骤	操作方法及说明	质量标准及记录
4.粘尘	粘尘布需充分展开后,反向叠成方块后对喷涂区域进行粘尘	□粘尘布充分展开,轻擦拭至无残留灰尘
5.调试喷枪	以某品牌100 B F RP 1.6省漆高效底漆喷枪为例 整板喷涂时: (1)先调整喷枪流量旋钮为打开2.0圈左右; (2)再调整喷枪扇形旋钮打开3/4; (3)最后调整喷枪气压旋钮为2.0bar左右 局部喷涂时: (1)先调整喷枪流量旋钮为打开1.8圈左右; (2)再调整喷枪扇形旋钮打开3/4; (3)最后调整喷枪气压旋钮为1.8bar左右	□按顺序,按标准调节喷枪参数
6.中涂底漆喷涂	整板喷涂时: (1)喷涂时,先喷边角,再喷正面。喷涂第一层为中湿层。主要起附着、遮盖和填充作用; (2)自然闪干,指触不拉丝即可,约3min; (3)检查第一层边角是否已喷涂合格。如边角漆层有露底或粗糙现象,应再喷涂一遍边角,才喷涂正面,如边角漆层良好,则可直接喷涂正面; (4)喷涂的第二层为全湿层。让涂层更光滑饱满,为后续的中涂底漆打磨做准备; (5)自然闪干,约5min 提示:除了指触拉丝的方法可以判定漆层是否闪干外,也可通过观察漆层是否哑光无光泽来判定闪干	□喷涂不易过湿,影响闪干时间 □表面光滑饱满,无流挂

项目四　中涂底漆修补技术

续上表

步　　骤	操作方法及说明	质量标准及记录
6. 中涂底漆喷涂	局部喷涂时： (1) 喷涂第一层为雾喷层，主要起附着和初步封闭作用； (2) 自然闪干，指触不拉丝即可，约30s； (3) 喷涂第二层为中湿层，主要起遮盖和填充作用； (4) 自然闪干，指触不拉丝即可，约3min； (5) 中涂底漆局部喷涂的第三层为全湿层。在满足填充的同时，尽量让涂层更光滑饱满，为后续的中涂底漆打磨做准备； (6) 自然闪干，约5min	□遮盖完全，喷涂范围缩小 □边缘无实边 □表面光滑饱满，无流挂 中涂底漆喷涂
	提示：中涂底漆局部喷涂按照"从大到小"的原则，以最大程度减少周边的漆雾，节省涂料的同时减少打磨工作量	
7. 红外线烤灯加热干燥	(1) 通过烤漆房或红外线烤灯对板件进行加热干燥，约20min； (2) 完全干燥后，对板件进行冷却，为接下来打磨中涂底漆做准备	□漆层表面闪干后，方可加热干燥
8. 更换打磨防护	穿戴合适的打磨防护用品	□全程穿戴合适的防护用品

续上表

步　骤	操作方法及说明	质量标准及记录
9.施涂打磨碳粉	均匀施涂打磨碳粉	□一次完全施涂即可
10.去除灰印	使用手刨配合 P320 打磨砂纸,对原子灰修复区域进行打磨,以最大程度的去除原子灰印	□平整打磨
11.中涂底漆打磨	（1）使用偏心距为 3mm 的双作用干磨机配合砂纸打磨整板,如喷涂面漆为素色漆使用 P400 砂纸,如喷涂面漆为银粉漆则使用 P500 砂纸; （2）边角等无法机器打磨的表面,使用灰色 P1500 的菜瓜布进行手工打磨	□无磨穿,无橘皮 中涂底漆打磨
12.清洁除油	（1）如面漆喷涂为溶剂型面漆,则使用油性除油剂除油即可; （2）如面漆喷涂为水性型面漆,则先使用水性除油剂后,再使用油性除油剂除油	□除油先后顺序正确 □采用一湿一干除油
13.完工整理	工位、设备、工具和辅料等整理和复位	□按 5S 要求整理

中涂底漆的喷涂考核评分记录见表 4-7。

中涂底漆的喷涂考核评分记录表　　　　　　　　　　　　　表4-7

类别	序号	项目	考核内容及要求	配分	评分标准(各项配分扣完为止)	得分
专业知识（20分）	1	中涂底漆知识	正确描述中涂底漆的材料知识	5	能回答问题,但回答不完整,按比例扣分;不能回答,扣5分	
	2	中涂底漆整板喷涂	正确描述中涂底漆整板喷涂的方法	5	能回答问题,但回答不完整,按比例扣分;不能回答,扣5分	
	3	中涂底漆局部喷涂	正确描述中涂底漆局部喷涂的方法	5	能回答问题,但回答不完整,按比例扣分;不能回答,扣5分	
	4	中涂底漆整板打磨	正确描述中涂底漆整板打磨的方法	5	能回答问题,但回答不完整,按比例扣分;不能回答,扣5分	
操作技能（80分）	1	劳保用品穿戴	劳保用品穿戴齐全	5	穿戴不全或错误,不得分	
	2	选用工具、设备、材料	选用工具、设备、材料齐全准确	5	缺一件,扣1分,选错一件,扣1分	
	3	准备	准备工作齐全	5	准备不充分一次,扣2.5分	
	4	调配	合理调配中涂底漆	5	方法错误,扣5分;未完成,扣5分	
	5	清洁、除油、粘尘	板件清洁、除油、粘尘	5	方法错误,扣5分;未完成,扣5分	
	6	喷涂过程	整板、局部喷涂过程合理	10	方法错误,扣5分;未完成,扣10分	
	7	喷涂效果	整板、局部喷涂效果	15	每种效果问题(露底、流挂、脏点),扣5分	
	8	打磨过程	中涂底漆打磨	5	方法错误,扣5分;未完成,扣5分	
	9	打磨效果	打磨效果	10	每种效果问题(磨穿、橘皮),扣5分	
	10	使用工具、设备、材料	工具、设备使用正确	5	一种工具、设备、材料使用不正确,扣2分	
					损坏、丢失一件工具,不得分	
	11	操作规程	操作规程执行情况	5	违反操作规程,不得分	
	12	清理现场（5S管理）	清理、整理并回收工具和设备	5	少收一件工具、设备,扣1分	
		分数总计		100	最终得分	

考核员签字:＿＿＿＿＿＿＿＿＿＿＿＿　　　　　　　　　　日期:＿＿＿＿年＿＿月＿＿日

任务2　免磨中涂底漆喷涂(三级)

▶建议学时:2学时

考核要求

一、知识要求

1. 能应用面漆配方中中涂底漆灰度的查询方法。
2. 能应用免磨中涂底漆灰度的调配方法。
3. 能应用免磨中涂底漆整板喷涂前的打磨方法。
4. 能说出免磨中涂底漆材料知识。
5. 能应用免磨中涂底漆整板喷涂方法。

二、技能要求

1. 能根据银粉漆颜色配方选择中涂底漆的灰度。
2. 能调配和喷涂免磨中涂底漆。
3. 能选择双作用研磨机、干磨手刨及干磨砂纸等辅料完成免磨中涂底漆整板喷涂前的打磨。
4. 能使用中涂底漆喷枪完成整板喷涂免磨中涂底漆。

任务准备

一、免磨中涂底漆喷涂基础知识

1. 灰度值

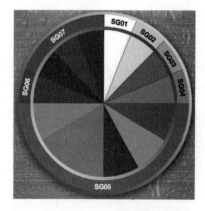

图4-6　中涂底漆灰度色轮图

每种颜色都有一定的灰度值,当一个面漆颜色的灰度值和中涂底漆颜色的灰度值最接近时,面漆最容易遮盖住中涂底漆,这时面漆的用量最节省,施工时间自然也就较短,所以,采用和面漆相同灰度值的中涂底漆可以降低成本和提高效率。中涂底漆灰度色轮图如图4-6所示,色轮图内圈代表不同车色,外圈代表对应底漆灰度值。

目前有的涂料厂商开发了3种不同灰度值的中涂底漆和免磨中涂底漆,通过一定比例调配三种中涂漆成品,还可以调配出其他几种灰度的中涂底漆或免磨中涂底漆,与面漆颜色相匹配,用SG01~SG07来表示灰度值,见表4-8、表4-9。

2. 中涂底漆灰度值的查询

目前各涂料厂商在开发的调色软件上,可以通过输入颜色代码,找到相应的色母配方,同时提供该颜色的灰度值,方便用户根据面漆灰度值选择使用合适灰度的中涂底漆,如图4-7

所示框中 SG05 为其对应中涂底漆的灰度值。

可调灰度中涂底漆的调配　　　　　　　　　　　　　　　　表 4-8

重　量	SG01	SG03	SG05	SG06	SG07
P565-511	100	80	0	0	0
P565-510	0	20	100	99	92
P565-5670	0	0	0	1	8

可调灰度自流平底漆的调配　　　　　　　　　　　　　　　表 4-9

重　量	SG01	SG03	SG05	SG06	SG07
P565-5601	100	75	0	0	0
P565-5605	0	25	100	48	0
P565-5607	0	0	0	52	100

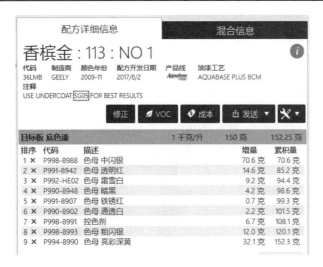

图 4-7　查询中涂底漆灰度值

3. 免磨中涂底漆

免磨中涂底漆也叫自流平底漆，以某涂料品牌为例，它是一款自流平特性强并且可调灰度，可提供 5 日内无需打磨喷涂面漆产品，这种免磨工艺因为减少了中间干燥和打磨的工序，大大减少了汽车修补涂装的时间。免磨中涂底漆的使用有助于汽车快速修补发展，是未来汽车涂装行业的发展趋势，免磨中涂底漆较普通中涂底漆有很大的优势。免磨中涂底漆和普通中涂底漆的比较见表 4-10。

免磨中涂底漆和普通中涂底漆的比较　　　　　　　　　　　表 4-10

项目	免磨中涂底漆	普通中涂底漆
原子灰修补要求	原子灰的平整度效果要求较高	原子灰的平整度效果要求一般
喷涂前打磨处理要求	要求打磨细致度更高	要求打磨细致度一般
灰度选择要求	有灰度选择	有灰度选择

续上表

项目	免磨中涂底漆	普通中涂底漆
喷枪选择要求	使用小口径的底漆喷枪,如1.4mm口径底漆喷枪	使用大口径的底漆喷枪,如1.6mm口径底漆喷枪
喷涂层数要求	喷涂一个单层即可	喷涂两个单层
漆层填充性要求	填充能力差	填充能力好
喷涂后打磨处理	喷涂面漆前无需打磨处理	喷涂面漆前必须打磨处理
经济成本	材料使用减少,节省成本	成本一般
效率	工序减少,效率更高	效率一般

二、免磨中涂底漆喷涂材料和工量具知识

免磨中涂底漆喷涂设备、工具和辅料跟任务1基本一致,可参照表4-4和表4-5。不同的是所用喷枪为免磨底漆喷枪,涂料为免磨中涂底漆见表4-11。

免磨中涂漆工具和辅料差别　　　　表4-11

序号	名　称	图　片	功　能
1	免磨中涂底漆喷枪		要求口径1.4mm,用于喷涂免磨中涂底漆
2	免磨中涂底漆		用于快修中涂底漆喷涂

项目四　中涂底漆修补技术

> 任务实施

一、实训资源

(1) 实训场地:喷漆房2个。
(2) 实训板件:轿车或板件若干。
(3) 工具耗材与设备:免磨中涂底漆喷枪、防静电专用气管、电子秤、调漆尺、除油剂喷壶、除油剂、除油布、粘尘布、漏斗、中涂底漆、固化剂、稀释剂、吹尘枪、打磨指示剂、手刨、双作用打磨机、砂纸、菜瓜布等。

二、安全注意事项

(1) 保证实训场地具有良好的通风条件,严禁火源。
(2) 操作人员进入实训场地应穿戴规范的防护用品。
(3) 操作人员在实训场地内禁止使用手机等电子设备。

三、操作过程

免磨中涂底漆喷涂前打磨和免磨中涂底漆喷涂工作操作方法及说明见表4-12。

免磨中涂底漆喷涂前打磨和免磨中涂底漆喷涂工作操作方法及说明　　表4-12

步　骤	操作方法及说明	质量标准及记录
1. 安全防护	穿戴合适的打磨防护用品。安全帽、防护眼镜、耳塞、防尘口罩、防静电工作服、棉手套、安全鞋	□全程穿戴合适的防护用品
2. 施涂打磨碳粉	均匀施涂打磨碳粉	□一次完全施涂即可

续上表

步骤	操作方法及说明	质量标准及记录
3.免磨中涂底漆喷涂前打磨	(1)使用偏心距为3mm的双作用干磨机配合P400或P500砂纸打磨整板； (2)边角等无法机器打磨的表面，使用P800的海绵砂或者灰色P1500的菜瓜布进行手工打磨； (3)使用P2000的圆形菜瓜布配合双作用干磨机进行砂纸痕细致处理，同时减少打磨灰尘 注意：因免磨中涂底漆的填充性有限，故喷涂免磨中涂底漆前的整板打磨要求较高、较细致，不能出现较明显的砂纸痕	□无磨穿,无橘皮 □无较明显砂纸痕
4.清洁除油	方法一：使用除油剂喷壶将除油剂均匀喷湿板件，再使用干的除油布擦干板件； 方法二：一湿一干法。使用湿的除油布擦湿板件，再使用干的除油布擦干板件	□完全擦湿，除油剂未干燥前完全擦干
5.更换喷涂安全防护	穿戴合适的防护用品。安全帽、防护眼镜、耳塞、活性炭口罩、防静电工作服、乳胶手套、安全鞋 护目镜　工作帽 防毒口罩　耳塞 工作服 防溶剂手套 安全鞋	□全程穿戴合适的防护用品

续上表

步　骤	操作方法及说明	质量标准及记录
6.粘尘	粘尘布需充分展开后,反向叠成方块后对喷涂区域进行粘尘	□粘尘布充分展开,轻轻擦拭至无残留灰尘
7.选择免磨中涂底漆的灰度	查找面漆颜色配方的灰度建议值,选择合适的免磨中涂底漆灰度,如灰度 SG05	□灰度选择正确
8.免磨中涂底漆调配	以某品牌 P565-5605 免磨中涂底漆为例 (1)查找产品手册,按产品手册调配要求,免磨中涂底漆:固化剂:稀释剂＝2:1:(0.5～1)(体积比)查找产品手册; (2)为了免磨中涂底漆能快速闪干后直接喷涂面漆,常使用快干固化剂和超快干稀释剂; (3)将油漆搅拌均匀,通过滤斗过滤倒进喷枪喷壶	□调配比例为体积比 □按产品标准调配涂料,无增加或减少调配比例 □涂料搅拌均匀
	注意:免磨中涂底漆使用的是快干模式,因此在调配后应快速完成喷涂,喷涂后及时清洗喷枪	
9.调试喷枪	以某品牌 100 B F RP 1.4 省漆高效底漆喷枪为例 (1)先调整喷枪流量旋钮为打开 2.1 圈左右; (2)再调整喷枪扇形旋钮全打开; (3)最后调整喷枪气压旋钮为 2.1bar 左右	□按顺序,按标准调节喷枪参数

续上表

步骤	操作方法及说明	质量标准及记录
10.免磨中涂底漆整体喷涂	(1)喷涂时,先喷边角,再喷正面。直接喷涂一层全湿层即可; (2)自然闪干,15~20min  注意:免磨中涂底漆的填充性有限,切勿喷涂过厚;喷涂效果应为漆层较薄且表面光滑无粗大橘皮,否则会影响到面漆的效果	□表面光滑,无流挂 □闪干时间充足
11.完工整理	工位、设备、工具和辅料等整理和复位	□按5S要求整理

任务评价

免磨中涂底漆整板喷涂考核评分记录见表4-13。

免磨中涂底漆整板喷涂考核评分记录表　　　　表4-13

类别	序号	项目	考核内容及要求	配分	评分标准(各项配分扣完为止)	得分
专业知识 (20分)	1	中涂底漆灰度	正确描述中涂底漆灰度的查询和选择	5	能回答问题,但回答不完整,按比例扣分;不能回答,扣5分	
			正确描述免磨中涂底漆喷涂前的打磨	5	能回答问题,但回答不完整,按比例扣分;不能回答,扣5分	
	2	免磨中涂底漆的喷涂	正确描述免磨中涂底漆的调配	5	能回答问题,但回答不完整,按比例扣分;不能回答,扣5分	
			正确描述免磨中涂底漆整板喷涂的方法。	5	能回答问题,但回答不完整,按比例扣分;不能回答,扣5分	
操作技能 (80分)	1	劳保用品穿戴	劳保用品穿戴齐全	5	穿戴不全或错误,不得分	
	2	选用工具、设备、材料	选用工具、设备、材料齐全准确	5	缺一件,扣1分,选错一件,扣1分	
	3	准备	准备工作齐全	5	准备不充分一次,扣2.5分	
	4	打磨工作	免磨中涂底漆喷涂前打磨工作	10	方法错误,扣5分;未完成,扣5分	
	5	清洁、除油、粘尘	板件清洁、除油、粘尘	5	方法错误,扣5分;未完成,扣5分	
	6	灰度选择	灰度查找和选择	5	方法错误,扣5分;未完成,扣5分	

续上表

类别	序号	项目	考核内容及要求	配分	评分标准(各项配分扣完为止)	得分
操作技能(80分)	7	调配	合理调配免磨中涂底漆	5	方法错误,扣5分;未完成,扣5分	
	8	喷涂过程	喷涂过程合理	10	方法错误,扣5分;未完成,扣10分	
	9	喷涂效果	喷涂效果	15	每种效果问题(露底、流挂、脏点),扣5分	
	10	正确使用工具、设备、材料	工具、设备使用正确	5	一种工具、设备、材料使用不正确,扣2分	
					损坏、丢失一件工具,不得分	
	11	操作规程	操作规程执行情况	5	违反操作规程,不得分	
	12	清理现场(5S管理)	清理、整理并回收工具和设备	5	少收一件工具、设备,扣1分	
		分数总计		100	最终得分	

考核员签字:_____　　　　　　　　　　日期:_____年___月___日

项目五　调色技术

项目描述

汽车涂装修复作业中最为重要的任务之一是恢复损伤区域面漆的颜色,使修复后区域颜色与周围未损伤区域进行完美匹配。调色技术包括素色漆调色、银粉漆调色、珍珠漆调色。素色漆的效果是单色的,表面没有颗粒,不因喷涂手法而改变颜色。银粉漆和珍珠漆有不同的正侧面效果,表面看到明显的金属颗粒,且可通过喷涂手法改变颜色。

本项目通过对调色技术应用到的调色工具、设备、色母特性以及调色流程和技巧进行讲解,从而让读者掌握素色漆调色、银粉漆调色的专业知识和操作要点。

任务1　素色漆调色(三级)

▶ 建议学时:6学时

一、知识要求

1. 知道颜色的基础理论及调色概念。
2. 正确使用调色工具、设备。
3. 熟记调色操作流程及微调技巧。
4. 学会调色操作安全防护。

二、技能要求

1. 能使用色卡、计算机查配方系统,找出最接近的颜色配方。
2. 能根据颜色的判断调配色漆。
3. 能选择已喷涂灰度底漆的样板。
4. 能使用面漆喷枪喷涂素色色漆、水性素色色漆样板。
5. 能根据样板与目标板的色差选择色母及其添加量。
6. 能确定样板颜色是否合格。

任务准备

一、素色漆调色基础知识

1. 调色

调色是根据颜色的三个属性(色相、明度、彩度),将两种或两种以上的色母均匀混合,调出所需要颜色的过程,如图 5-1 所示。

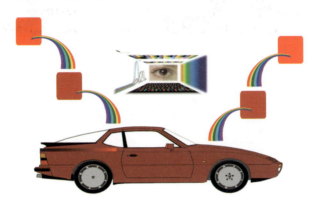

图 5-1　调色

2. 颜色的基础理论

(1) 颜色的观察。颜色是眼睛对不同波长光波的感知,人们要感受到颜色,必须具备以下三要素:眼睛、光源和观察对象,如图 5-2 所示。

a) 光源　　　　　　　　b) 眼睛　　　　　　　c) 被观察物

图 5-2　感色三要素

①光源。常见的光源有三种:白炽灯、荧光灯和太阳光。不同的光源下会导致所看到的物体颜色不同,因此应在不同的光源下进行比色,避免出现颜色异构(条件等色)。我们把在不同的光源(例如阳光和灯光)照射下颜色产生一定差别的现象称为颜色异构,又称条件等色,如图 5-3 所示。

②眼睛。每个人的眼睛对颜色的感受灵敏度有差别,即使辨色能力正常的人,同一个颜色,有些人感受到的颜色偏蓝,有些人感受到的颜色偏红。年龄对人的辨色能力也有所影响,随着年龄的增长,辨色能力会下降。

有些人的辨色能力比较差,甚至无法辨别某种颜色或所有颜色,人们称之为色弱或色盲,体检时会根据需要设置色盲色弱测试,如图 5-4 所示。每 13 个男性中就会有 1 人有红/

绿色盲的缺陷。

图 5-3　条件等色

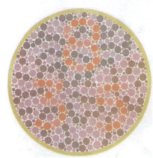 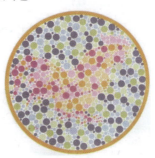

图 5-4　色盲色弱测试

③被观察物。我们能够看到物体，是由于光线在物体表面发生了反射，被眼睛所接收，再通过视觉神经的传递，在大脑中"合成"了物体。物体对照射到其表面的光源有反射、折射、吸收三种现象。物体的颜色往往由其反射光的颜色来决定，如一个物体呈红色，是因为它只反射光谱中的红波长，而吸收其他波长；当全反射时，人们看到的是白色，全吸收时看到的是黑色，如图 5-5 所示。

图 5-5　呈色原理

(2) 颜色三属性。颜色有三个基本属性：色相、明度、彩度，每个属性有 2 个方向。要准确地定义一个颜色，需要准确掌握这 3 个属性。

①色相。色相是色彩的第一个属性，包括红色、橙色、黄色、绿色、蓝色、紫色等。色彩系统中最基本的色相是红色、黄色、蓝色，它们也称为"三原色"，三原色可以产生再生色，如图 5-6 所示；再生色则可以再生成次生色，如图 5-7 所示，当颜色成为次生色后，就变得更深、更浊。

把色相有规律地排成一个圆环，我们一般将它称为色轮图，如图 5-8 所示。

②明度。明度是色彩的第二个属性，又称为深浅度或明暗度，是光的反射值大小反应，它定义为反射光的总量与入射光的总量之比，用 0～100% 表示，数值越大表示颜色越浅，反之越深。明度一般用黑白轴表示，越接近白色，明度越高（越浅），相反，越接近黑色，明度越

低(越深),如图 5-9 所示。

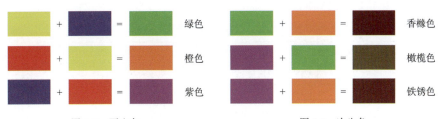

图 5-6　再生色　　　　　　　　　　　　图 5-7　次生色

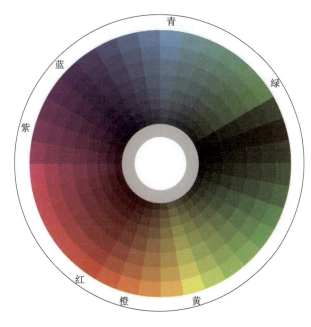

图 5-8　色轮图

图 5-9　明度

③彩度。彩度是色彩的第三个属性,又称为饱和度、鲜艳度或纯度,是指颜色的鲜艳程度。比较彩度一般需要在同一色相和明度的颜色下比较,通常会使用"鲜艳/高"或"浑浊/低"来描述它们的不同,如图 5-10 所示。

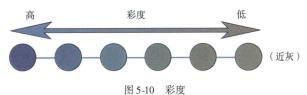

图 5-10　彩度

3. 色母特性(以 PPG 油漆为例)

(1)常规色母特性(表5-1)。

常 规 色 母 特 性　　　　表 5-1

编　号	名　称	色 母 特 性	颜色走向图
P425-900	白	高浓度白,当用量<5%时使用902,用量<10%	
P420-902	通白	900 的低浓色母,微调用	
P420-904	通黑	黄相黑,是 948 的低浓度色母,微调用,用量<10%	
P425-948	黑	常用色母,黄相黑,比933 侧面深	
P426-HE03	石墨黑	正面浅蓝色,侧面浅	
P420-933	蓝黑	蓝相黑,比 948 侧面更浅,更蓝	
P425-950	深黑	黄相黑,比 948 侧面深	
P425-967	深邃黑	黄相黑,侧面最深	
P420-975	青铜	正面金绿,侧面黄相,主要用于银粉珍珠和特殊效果漆	
P425-954	蓝绿	蓝相绿	
P420-910	深蓝	957 的低浓色母,微调用,用量<10%	
P429-957	坚蓝	常用色母,高浓度透明蓝,如果用量低于1%建议使用910	
P425-956	超级蓝	正面绿,侧面红,侧面红的比较 956>957>922,常用于金属漆	
P420-930	发红蓝	红相蓝	
P425-952	坚蓝	侧面浅的中蓝	
P425-922	湖蓝	常用于金属漆和珍珠漆配方,绿相蓝(侧面绿 922>957>956)	
P420-905	泥黄	不透明氧化黄,主要用于素色漆	
P420-903	中淡黄	侧面呈青黄相的淡黄色,主要微调用,用量<10%	
P429-972	琥珀黄	橙相有机黄(无铅),主要用于素色漆亮橙色,比 982,983 干净	
P429-937	淡黄	侧面呈绿相的绿相黄	
P420-920	紫色	侧面脏黄干净紫色比930 更红	

续上表

编号	名称	色母特性	颜色走向图
P425-921	通红	干净的蓝色调洋红,比976更干净,常与941混合得到鲜红的素色效果	
P429-961	洋红	干净的蓝色调紫色,比921侧面更深,常用于金属漆	
P429-976	紫红	蓝相紫,比921正面脏、侧面深,也经常与941混合得到鲜艳的素色效果	
P420-960	酒红	干净的蓝色调,976低浓色母,主要用于微调,用量<10%	

（2）微调侧视常用特殊效果色母（表5-2）。

常用特殊效果色母　　　　　　　　　　　　　表5-2

编号	名称	使用限量(%)	色母特性	颜色走向图
P420-938	控色剂	0~30	亚光基料,提供更粗的颗粒外观和较亮的侧面	
P420-902	通白	0~10	使用在金属漆中正面变灰侧面变浅蓝	
P426-HE02	超细白	0~50	用于金属漆颜色中,使正面黄,侧面浅蓝色调	

二、素色漆调色设备、工具

1. 调漆设备

专用的调漆设备包括溶剂型调漆机、水性保温柜、电子秤等,见表5-3。

专用的调漆设备　　　　　　　　　　　　　表5-3

序号	名称	图片	功能
1	溶剂型调漆机		专用色母搅拌机,操作方便,只要按一下电钮就会自动运转,色母得到充分搅拌,调色更准确 提示:搅拌机每天上、下午开始调漆前,必须搅拌15min后方可配漆;定期检查传动带是否松动和老化,必要时进行调整或更换

续上表

序号	名称	图片	功能
2	水性漆保温柜		水性漆会在温度低于5℃时开始出现结晶颗粒影响使用效果,高温又不利于长期储存和使用。因此,纯水性漆合适的存放温度是5℃~35℃,并存放在干爽、远离热源的地方。水性漆保温柜可进行温度设定,通常设定在20℃左右,低于设定值温度范围时开始加热,高于设定温度范围时停止加热
3	电子秤		电子秤用来进行色母称量,精准度达到小数点后一至两位;与调漆电脑连接配套使用,方便、高效
		提示:放置电子秤的工作台需要稳固,保持不晃动、不震动;避免把电子秤放置在受气流干扰的地方;不要在电子秤秤盘上面搅拌油漆	
4	配色灯箱		配备有不同光源,包括D65光源、荧光灯光源、红光光源及紫外光光源,使用不同光源观察颜色,可有效避免颜色异构现象
5	对色灯		移动式对色灯,便于携带;五档色温选择,对色更准确

续上表

序号	名称	图片	功能
6	调漆电脑		安装好调漆大师系统,输入颜色代码后可找到所需初始配方

2. 颜色工具

专用的颜色工具包括调漆大师软件、超级万能配色仪、中国乘用车万用色卡以及调色指南,见表5-4。

专用的颜色工具　　　　　　　　　　　表5-4

序号	名称	图片	功能
1	调漆大师软件		一个高效智能颜色管理系统,提供颜色配方查询、智能可视化的倒漆和稀释过程协助和控制、自定义本地配方、库存管理等功能
2	超级万能配色仪		便携式测色仪,可轻松找到与原色相近的颜色配方,使调色更精准、更便捷
3	中国乘用车万用色卡		按色系排列,索引按原厂排列,方便查找;色卡正面为色片和颜色基本信息,包括原厂品牌、颜色名称、色号、标准色/差异色、页码等,快速精准
4	调色指南		直观表示了各色母的颜色特性,例如色母颜色特性、色母与素色和金属漆混合的效果及比例等。调色时可以快速地识别正确的色调,有助于调色时决定选用何种色母

3.普通工具

调漆还需要用到普通工具,包括面漆喷枪、量杯、比例尺以及试色板,见表5-5。

调漆工具　　　　　　　　　　　　　　　表5-5

序号	名称	图片	功能
1	面漆喷枪		喷漆色漆及清漆;选用免洗枪壶,更省油,清洗更方便
2	量杯		调配色漆及清漆;选用有刻度量杯,调配油漆更方便、准确
3	比例尺		调配油漆,不同比例选择,满足不同油漆的调配
4	试色板		喷涂颜色,不同灰度底漆,提高面漆遮盖力,调色更准确

一、实训资源

(1)实训场地:喷漆房,调漆间。
(2)实训车辆(门板):轿车1辆(门板)、标准色板若干。
(3)工具耗材与设备:电脑(安装调漆大师软件)、配色仪、万用色卡、调漆机、电子秤、调色灯箱、喷枪、试色板、量杯、比例尺。

二、安全注意事项

(1)操作人员应穿戴工作服和工作鞋,佩戴乳胶手套、护目镜和防毒口罩。
(2)电器设备使用严格按照额定电压、频率提供电源。

三、调色流程

素色漆调色操作方法及说明见表5-6。

素色漆调色操作方法及说明　　　　　　　　　　　　　表5-6

步骤	操作方法及说明	质量标准及记录
1.确定原车颜色	(1)车身铭牌上找到颜色代码,输入到调漆大师软件系统,查找所需配方; (2)利用万用色卡上的色号找出配方; (3)超级万能配色仪测量颜色,连接电脑,搜索配方; (4)进入微信公众号,手机查找配方	□原厂品牌 □颜色代码 □出厂年份 □标准配方 □差异色配方
2.计量调色	(1)根据最小量配方,使用电子秤准确称重; (2)每个色母最少加入量应该在0.5g以上,提高调色精度; (3)使用"减量法":通过色卡与车身颜色对比后,判断出颜色的差异,根据这种差异预先减少某种色母的添加量; (4)建议使用归零称量法,尤其在加入少量对颜色影响较大的色母时,使用累加量误差会较大	□最小量配方 □准确称重 □减量法 □归零称量法 溶剂型色漆的特性与调色方法

续上表

步骤	操作方法及说明	质量标准及记录
3. 喷涂色板	(1)溶剂型素色漆调色可以用调漆尺把湿涂料拉出来与车身样板比色,湿态的素色涂料比其样板颜色会更鲜艳、明亮些,涂膜干燥后,亮度和彩度都会降低一些; (2)选择合适灰度中涂底漆的试色板; (3)试色板的面积至少应该在 10cm×15cm; (4)喷涂试色板的手法需与喷涂车辆的手法保持一致; (5)喷涂清漆并干燥后再比较颜色	□选择正确灰度 □试色板大小适当 □喷涂手法 □喷涂清漆
4. 比较颜色	(1)恢复原色和光泽; (2)在充足的自然光下或标准调色灯箱下对比颜色; (3)比较颜色,两个颜色必须在同一水平面且中间不留空隙; (4)考虑周围的影响因素:工作服、墙、车辆; (5)修补区域的影响因素:遮阳膜、漆面老化	□光源类型 □比较方法 □影响因素
	提示:微调应作为调漆的最后手段,在决定微调前必须考虑以下因素 (1)确定的颜色代码正确吗? (2)油漆搅拌均匀吗? (3)喷涂试色板的条件是否与喷涂汽车时的条件相同? (4)油漆喷涂有完全遮盖底色吗? (5)是否选择正确配方(标准配方/差异色配方)? (6)是否已经还原车身真实颜色?	

项目五　调色技术

续上表

步　骤	操作方法及说明	质量标准及记录
5.颜色微调	(1)辨别颜色和目标板之间的差别； (2)添加所需的色母，尽量使用配方中原有色母做调整； (3)从浅到深调整，从纯净到浑浊调整； (4)每次只添加一种色母调整； (5)第一次加该色母量不超过20%	□判断色差 □选择所缺色母 □正确添加方法
	提示：在调配颜色前，首先要辨别颜色和目标板之间的差别，可以用颜色三属性来定义。而一般它们的差别会按以下方向变动	
	色相：红/绿，蓝/黄 明度：黑/白(深/浅) 彩度：鲜艳/浑浊	
	颜色板观察与确认： A 板与 B 板色相差异？ A 板与 B 板彩度差异？ A 板与 B 板明度差异？ 色相：B 板偏绿色 彩度：A 板更鲜艳 明度：A 板更浅 A 板与 B 板色相差异？ A 板与 B 板彩度差异？ A 板相比 B 板明度差异？	

续上表

步骤	操作方法及说明	质量标准及记录
5. 颜色微调	 色相:A 板偏蓝 彩度:A 板更鲜艳 明度:A 板更浅 例:以下配方较浅、黄、绿,应如何调整? 应适当添加 P425-904,P420-908,减少 P420-903	
6. 试色板存档	(1)微调后确认最终色板; (2)保存调色过程中喷涂出来的试色板; (3)在色板背后记录对应配方及喷涂条件	□记录配方信息 □记录喷涂条件
7. 完工整理	车辆、工具、设备场地整理和复位	□按 5S 要求整理

 任务评价

调色技术(素色)考核评分记录见表 5-7。

调色技术(素色)考核评分表 表5-7

类别	项目	考核内容及要求	配分	评分标准(各项配分扣完为止)	得分
专业知识 (20分)	颜色基础理论	正确描述观察颜色的条件	5	能回答问题,但回答不完整,按比例扣分;不能回答,扣5分	
		正确描述颜色三属性	5	能回答问题,但回答不完整,按比例扣分;不能回答,扣5分	
	色母特性	正确描述素色色母特性	5	能回答问题,但回答不完整,按比例扣分;不能回答,扣5分	
		正确描述水性素色色母特性	5	能回答问题,但回答不完整,按比例扣分;不能回答,扣5分	
操作技能 (80分)	劳保用品穿戴	劳保用品穿戴齐全	5	穿戴不全或错误,不得分	
	正确选用	选用工具、设备、材料齐全准确	5	缺一件,扣1分,选错一件,扣1分	
	色板喷涂	色板无缺陷,灰度选择正确	10	每种缺陷,扣5分;灰度选择不正确,扣5分	
	色母判断	色母判断正确	20	每种色母判断错误,扣10分	
	颜色效果	与目标颜色近似	20	正侧面都很近似,不扣分;比较接近,扣5分;差距较大,扣10分;色差非常大,扣15分	
	正确使用工具、设备、材料	工具、设备使用正确	10	一种工具、设备、材料使用不正确,扣2分	
				损坏、丢失一件工具,不得分	
	操作规程	操作规程执行情况	5	违反操作规程,不得分	
	清理现场 (5S管理)	清理、擦洗并回收工具和设备	5	少收一件工具、设备,扣1分	
	分数总计		100	最终得分	

考核员签字:_____   日期:_____年____月____日

任务2 银粉漆调色(三级)

▶ 建议学时:6学时

一、知识要求

1. 知道银粉漆特性。
2. 能说出影响银粉排列的因素。

3. 了解水性漆调色注意事项。
4. 掌握调色工具、设备的使用。
5. 熟记调色操作流程及微调技巧。
6. 掌握调色操作安全防护。

二、技能要求

1. 能使用色卡、计算机查配方系统查找出最接近的颜色配方。
2. 能根据颜色的判断调配色漆。
3. 能选择已喷涂灰度底漆的样板。
4. 能使用面漆喷枪喷涂银粉色漆、水性银粉色漆样板。
5. 能根据样板与目标板的色差选择色母及其添加量。
6. 能判断样板颜色是否合格。

一、银粉漆调色基础知识

银粉色母中实际上使用的主要颜料为铝粉,银粉漆有不同的正侧面效果,表面可看到明显的金属颗粒,可通过喷涂手法改变颜色。

1. 银粉色母种类

(1) 如图 5-11 所示,按银粉颗粒外形不同,可以分为不规则形(左)和椭圆形(右)。不规则形的银粉正面亮度偏低,侧视亮底偏高;椭圆形的银粉正面亮度较高,但侧视却很暗。实际应用时如果需要把正面调得更"白"更亮或需要把侧视色调调暗,那么更换银粉的种类是最有效和最常用的手段。

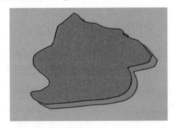

图 5-11 银粉两种类型

(2) 按银粉颗粒亮度不同,一般可以把银粉分为三类:无(平)光银(标准型)、亮银(白色)和闪银(高度闪光),见表 5-8。这三类银粉中的每类银粉又可以有两个或多个颗粒粗细不同的色母,无光银、亮银使用的是不规则形的银粉,闪银用的是椭圆形银粉。

实际使用中,一般多以亮银和闪银为主,因为它们纯度高,调出来的颜色较纯,饱和度高,主要用它们来提高颜色的亮度和纯度。除非必要,不要使用过多的无光银,否则调出来的颜色正面会变得比较灰暗,稍远处看就会感觉整体发黑。无光银还有一个特点,可以用亮银和白色母近似地调出来,因为在银粉中加入少量白漆,可以使得银粉正面变灰,降低亮度,而同时使得侧面变浅。

银粉三种类型　　　　　　　表5-8

类　型	标准类型	白　色	高度闪光
设计形状			
特性	比其他两种类型暗	从任意角度看时均发出很强的闪光	直接看时发出耀眼的闪光；比其他两种类型亮

2. 银粉漆原理

（1）银粉漆的正侧面有不同的视觉效果，正视和侧视色调的比较，如图5-12所示。

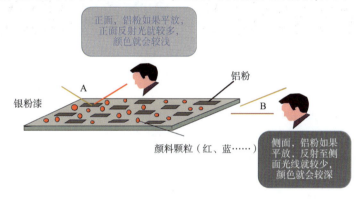

图5-12　正侧面比较

（2）观察银粉漆颜色的角度，对调色的正确性有很大的影响。为了最大限度地减少色差，应从多个角度进行观察，如图5-13所示。

（3）银粉粗细、明暗比较，如图5-14所示。

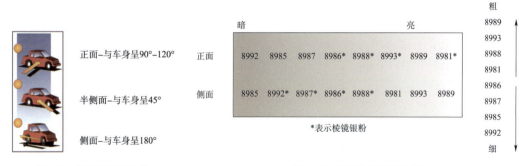

图5-13　观察颜色的角度　　　　图5-14　银粉粗细、明暗比较

3. 影响银粉排列的因素

"七分调三分喷"，足以说明喷涂对于颜色的影响作用，具体影响如下：

（1）喷涂方式对颜色的影响，如图5-15所示。

（2）环境因素对颜色的影响，如图5-16所示。

（3）干湿涂层对颜色的影响，干喷、湿喷银粉排列状态如图5-17所示。干喷涂层时银粉排列较平,正反射方向较明亮,侧面相对较暗;银粉颗粒显得比较粗并且密度比较大;颜色彩度较低。湿喷涂层时则效果相反。

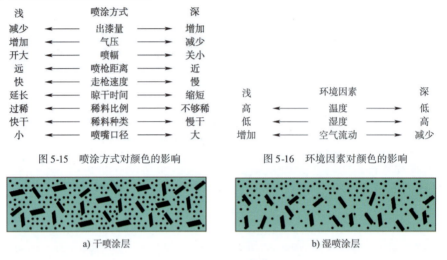

图5-15 喷涂方式对颜色的影响　　图5-16 环境因素对颜色的影响

　　a) 干喷涂层　　　　　　　　　b) 湿喷涂层

图5-17 干湿涂层对颜色的影响

4. 银粉色母的使用要点

(1) 银粉的颗粒越大,正面就越亮,侧面会越暗。

(2) 在亮银和闪银中使用的颗粒越小,正面越暗,侧面越浅。

(3) 加入少量的亮银粉、闪银粉,能使颜色的正面亮度升高;数量继续增加,会使颜色正面和侧视变灰且颜色饱和度下降,加入无光银对正面和侧面都只能起到变灰的作用。

(4) 无光银的正面最黑,侧面最浅;闪银的正面最亮,侧面最黑。

(5) 选择银粉色母时,一般可以先判断需要使用的银粉亮度级别,确定需要哪一类或哪两类亮度的银粉色母,再判断银粉的颗粒粗细,最后确定使用何种粗细的银粉色母及其数量比例。

(6) 可以在阳光直射下或者使用太阳灯,检查判断银粉的颗粒闪亮程度是否合适。

5. 水性漆调色注意事项

喷涂试色板的注意事项:

(1) 使用铝板喷涂试色板。

(2) 使用与修补时相同的工艺和喷涂设备,并喷涂控制层。

(3) 使用吹风机吹干涂层。

调配水性漆的注意事项:

(1) 色母存放在5℃~35℃的环境中,避免阳光直射。

(2) 存放和混合色母的容器必须是塑料容器。

(3) 调配好的色母使用之前要彻底搅拌均匀。

(4) 使用专用的125μm尼龙过滤网。

(5) 必须喷涂试色板并完全干燥后进行比色,不要用湿调法比色。

(6) 对色用的色板要喷涂和实际修补相同灰度的底漆。

(7) 使用水性漆专用吹风机干燥涂层,吹风机距离板件超过30cm,角度保持45°。

(8)喷涂水性漆需要保持低气压,一般在 1.3～1.5bar。

6. 色母特性(以 PPG 水性漆为例)

(1)银粉色母特性见表 5-9。

银 粉 色 母 特 性　　　　　表 5-9

编　号	名　称	颜色走向	色母特性	粒径尺寸
P998-8985	特幼银		灰色特细银粉,侧视亮	
P998-8992	中粗银		灰色中银,侧视亮	
P998-8987	中幼银		灰色细银,侧明亮	
P998-8989	特粗银		特粗银,侧视暗	
P995-HE04	闪烁金		金色中银薄片 0～100	
P995-HE05	闪烁橙		橙色中银薄片 0～100	
P995-HE07	闪光蓝		蓝色中银薄片 0～100	
P997-LA05(新)	液体金属-超细		超细特殊液态金属 0～100	
P998-8986	亮幼银		细闪银,侧视比 8985 更暗 0～100	
P998-8988	中闪银		中闪银,侧视比 8992 更暗 0～100	
P998-8993	粗闪银		粗元宝银,侧视暗 0～100	
P998-8981	元宝粗闪银		侧面比 993 浅亮 0～100	

(2)调和树脂及微调侧视色母特性见表 5-10。

特 殊 色 母 特 性　　　　　表 5-10

编　号	名　称	使用限量(%)	色母特性	颜色走向图
P990-8999	透明调和树脂	—	通常使用于三工序的珍珠颜色层中	
P998-8991	控色剂	0～20	哑光基料,添加效果使颗粒更粗,侧视更亮	
P990-8902	通透白	0～10	使用在金属漆中正面变灰侧面变浅蓝	

二、银粉漆调色工具、设备

1. 调色设备

专用的调漆设备包括水性漆保温柜、电子秤等(表5-3)。

2. 颜色工具(表5-4)

3. 普通工具

调漆还需要用到普通工具,包括水性漆专用喷枪、塑料容器、比例尺以及铝板等(表5-5),不同工具见表5-11。

调漆工具　　　　　　　　　　　　表5-11

序　号	名　　称	图　　片	功　　能
1	吹风机		干燥水性漆。文丘里设计,增强风速;专用滤网,避免尘点
2	125μm滤网		专用水性漆滤网,有效过滤杂质

任务实施

一、实训资源

(1)实训场地:喷漆房,调漆间。

(2)实训车辆(门板):轿车1辆(门板)、标准色板若干。

(3)工具耗材与设备:电脑(已安装调漆大师软件)、配色仪、万用色卡、调漆机、电子秤、调色灯箱、喷枪、试色板、量杯、比例尺、吹风枪等。

二、安全注意事项

(1)操作人员应穿工作服、工作鞋,佩戴乳胶手套、护目镜和防毒口罩。
(2)使用电气设备时,应严格按照额定电压、频率提供电源。

三、调色流程

银粉漆调色流程操作方法及说明见表5-12。

银粉漆调色流程操作方法及说明　　　　　　表5-12

步　骤	操作方法及说明	质量标准及记录
1.确定原车颜色	见表5-6	见表5-6
2.计量调色	见表5-6	见表5-6
3.喷涂色板	(1)使用铝板喷涂试色板; (2)试色板的面积至少应该在10cm×15cm; (3)使用与修补时相同的工艺和喷涂设备,并喷涂控制层; (4)使用吹风机吹干涂层; (5)喷涂清漆并干燥后再比较颜色	□铝板 □试色板大小 □喷涂控制层 □使用吹风机 □喷涂清漆
4.比较颜色	(1)恢复原色和光泽; (2)在充足的自然光下或标准调色灯箱下对比颜色; (3)比较颜色,两个颜色必须在同一水平面且中间不留空隙; (4)从不同角度观察颜色; (5)色差判断记录 | 观察项 角度	色相	明度	彩度	颗粒 | |---|---|---|---|---| | 正面 | 不够红 | 不够浅 | OK | 不够粗 | | 半侧面 | 不够红 | 不够浅 | OK | 不够粗 | | 侧面 | 不够红 | 不够浅 | OK | 不够粗 |	□光源类型一致 □比较方法合理 □不同角度观察颜色 □记录色差

续上表

步骤	操作方法及说明	质量标准及记录
5.颜色微调	以下色板正、侧面有何色差？ 正面　　　　　侧面 (1)判断色差：正面较深，侧面较浅； (2)参照色母指南，分析配方； | 色母	数量
---	---
P998-8985	56.0
P990-8948	1.0
P998-8986	26.5
P998-8992	14.0
P990-8910	1.0
P998-8991	1.5
	100.0 | (3)确定需要添加/减少的色母：适量增加8986,减少8985； | 色母编号	名称	色母特性
P998-8985	特幼银	正面深，侧面浅
P990-8948	暗黑	深黑，在银粉和浅素色漆中比8950略蓝
P998-8986	亮幼银	细闪银，侧比8985更亮
P998-8992	中粗银	灰色中银，侧视亮
P990-8910	低浓蓝	标准蓝，侧视绿和
P998-8991	控色剂	哑光基料，添加效果使颗粒更粗，侧视更亮 | (4)尽量使用配方中原有色母做调整； (5)从浅到深调整，从纯净到浑浊调整； (6)每次只添加一种色母调整； (7)第一次加该色母量不超过20%	□判断色差 □选择所缺色母 □正确添加方法
6.试色板存档	见表5-6	见表5-6
7.完工整理	车辆、工具、设备场地整理和复位	□按5S要求整理

调色技术(银粉漆)考核评分记录见表5-13。

调色技术(银粉漆)考核评分表　　　　　　　　　　　　表5-13

类别	项目	考核内容及要求	配分	评分标准(各项配分扣完为止)	得分
专业知识 (20分)	银粉种类	正确描述银粉的种类	5	能回答问题,但回答不完整,按比例扣分;不能回答,扣5分	
	银粉使用要点	正确描述银粉使用要点	5	能回答问题,但回答不完整,按比例扣分;不能回答,扣5分	
	色母特性	正确描述银粉色母特性	5	能回答问题,但回答不完整,按比例扣分;不能回答,扣5分	
		正确描述水性银粉色母特性	5	能回答问题,但回答不完整,按比例扣分;不能回答,扣5分	
操作技能 (80分)	劳保用品穿戴	劳保用品穿戴齐全	5	穿戴不全或错误,不得分	
	正确选用工具、设备、材料	选用工具、设备、材料齐全准确	5	缺一件扣1分,选错一件,扣1分	
	色板喷涂	色板无缺陷,灰度选择正确	10	每种缺陷扣5分;灰度选择不正确,扣5分	
	色母判断	色母判断正确	20	每种色母判断错误,扣10分	
	颜色效果	与目标颜色近似	20	正侧面都很接近,不扣分;比较接近,扣5分;差距较大,扣10分;色差非常大,扣15分	
	正确使用工具、设备、材料	工具、设备使用正确	10	一种工具、设备、材料使用不正确,扣2分; 损坏、丢失一件工具,不得分	
	操作规程	操作规程执行情况	5	违反操作规程,不得分	
	清理现场 (5S管理)	清理、擦洗并回收工具和设备	5	少收一件工具、设备,扣1分	
	分数总计		100	最终得分	

考核员签字:_____　　　　　　　　　日期:_____年___月___日

项目六　面漆喷涂技术

项目描述

汽车面漆是覆盖于车身表面最外层的涂层,具有保护、装饰、标识和特殊作用。汽车车身修补作业经过底漆、原子灰和中涂底漆和面漆前处理的施工工序,已经恢复了其表面的状态,颜色已经调配好,为汽车面漆喷涂做好了准备。面漆喷涂是汽车修补涂装的关键工序,决定着汽车表面涂层的优良性能。

本项目通过对汽车面漆的工艺流程及施涂技巧进行讲解,从而让读者掌握汽车面漆喷涂的专业知识和操作要点。

任务1　单工序素色面漆喷涂(四级)

▶ 建议学时:6学时

考核要求

一、知识要求

1. 能说出清洁剂、除油剂材料知识及使用方法。
2. 能应用遮蔽材料及遮蔽方法。
3. 能说出单工序素色漆材料知识。
4. 能说出喷枪部件的名称。
5. 能应用单工序素色漆整板喷涂方法。

二、技能要求

1. 能使用除油剂、清洁剂清洁工件表面。
2. 能使用遮蔽材料完成面漆喷涂前遮蔽。
3. 能熟练拆装喷枪并完成清洗。
4. 能使用面漆喷枪完成素色漆整板喷涂。

任务准备

一、单工序素色面漆喷涂基础知识

1. 面漆分类

面漆的分类方法很多,常见的方法有以下几种。

按溶剂类型来分,可分为溶剂型面漆和水性型面漆。溶剂型面漆即俗称的油性漆,随着更严格的环保要求,油性漆将逐步被淘汰,取而代之的便是水性型面漆,也是我们常说的水性漆。

按施工工序来分,分为单工序、双工序和三工序,如图6-1所示。单工序面漆是指喷涂一种涂料即可完成完整的面漆涂层,通常是将色漆和树脂混合后喷涂,达到漆层均匀饱满、光泽鲜映的效果。双工序面漆是指喷涂两种不同的涂料才可完成完整的面漆涂层,通常是先喷涂色漆,然后再喷涂清漆,两种涂层共同构成完整的面漆层。三工序面漆是指喷涂三种不同的涂料完成完整的面漆涂层,三工序面漆常指珍珠漆,通常是先喷一层底色漆,然后喷一层珍珠漆,最后喷清漆,三个涂层共同构成完整的面漆涂层。

单工序面漆	双工序面漆	三工序面漆
		清漆层
	清漆层	珍珠层
素色面漆层	金属色漆层	底色漆层
中涂漆层	中涂漆层	中涂漆层
电泳漆层	电泳漆层	电泳漆层
磷化膜层	磷化膜层	磷化膜层
金属底材	金属底材	金属底材

图 6-1 按施工工序分类面漆

按颜色效果来分,分为素色漆、银粉漆、珍珠漆。素色漆只含有素色颜料,银粉漆含有铝粉,珍珠漆含有云母颜料。由于铝粉和云母颜料都是金属或金属氧化物,所以银粉漆和珍珠漆统称为金属漆。

2. 遮蔽

遮蔽也称贴护,是使用遮蔽材料遮盖不需要操作的车身表面,防止作业时造成损伤。在喷涂面漆时,为防止喷涂面漆的漆雾飞到其他无须喷涂的车身表面上,须要对车身进行必要的贴护。

常用的遮蔽材料有遮蔽纸、遮蔽膜、遮蔽胶带和缝隙胶带。常见的遮蔽方法有板件边缘遮蔽和反向遮蔽。板件边缘遮蔽是指利用板件的边界向喷涂区域外遮蔽,防止漆面受污染,常用于板件整板喷涂。对于没有边界又需要局部喷漆的部位,须采用反向遮蔽,遮蔽纸由喷涂区域朝外反折,使遮蔽纸形成一个弧形,以避免喷涂产生台阶,保证面漆干燥后通过抛光能够去除喷涂区域周围的漆雾,达到良好的漆面效果,后翼子板喷漆经常会同时采用边缘遮蔽和反向遮蔽,如图6-2所示。

图 6-2 后翼子板遮蔽

二、单工序素色面漆喷涂材料和工量具知识

常用的设备、工具和辅料包括喷漆房、面漆喷枪、防静电专用气管、电子秤、调漆尺、除油剂喷壶、除油剂、除油布、粘尘布、漏斗、面漆、固化剂、稀释剂、切纸架和遮蔽纸、遮蔽膜、美纹胶带等,详见项目四任务 1 表 4-4 和表 6-1。

设备、工具和辅料　　　　　表 6-1

序号	名　称	图　片	功　能
1	面漆喷枪		用于喷涂溶剂型面漆
2	切纸架和遮蔽纸		用于遮蔽的纸质材料
3	遮蔽膜		用于遮蔽的塑料膜材料
4	缝隙胶带		用于遮蔽时贴护

任务实施

一、实训资源

(1) 实训场地:喷漆房 2 个。
(2) 实训板材:轿车或板件若干。

(3)工具耗材与设备:面漆喷枪、防静电专用气管、电子秤、调漆尺、除油剂喷壶、除油剂、除油布、粘尘布、漏斗、面漆、固化剂、稀释剂、切纸架和遮蔽纸、遮蔽膜、缝隙胶带。

二、安全注意事项

(1)保证实训场地具有良好的通风设施,严禁火源。
(2)操作人员进入实训场地,应穿戴合适的防护用品。
(3)操作人员在实训场地内禁止使用手机等电子设备。

三、操作过程

单工序素色面漆整板喷涂操作方法及说明见表6-2。

单工序素色面漆整板喷涂操作方法及说明　　表6-2

步骤	操作方法及说明	质量标准及记录
1.安全防护	穿戴合适的防护用品（护目镜、工作帽、防毒口罩、耳塞、工作服、防溶剂手套、安全鞋）	□全程穿戴合适的防护用品
2.遮蔽	(1)清洁。遮蔽前,首先对车辆各个部位进行清洁,使用压缩空气将车辆上的打磨灰尘清除干净; (2)除油。对板件除油,以保证遮蔽胶带与表面能很好地粘附; (3)遮蔽。使用遮蔽纸或遮蔽膜对表面进行遮蔽; (4)必要性除油。如遇遮蔽过程中,造成了板件受到污染,可再次对喷涂区域进行除油	□板件清洁除油干净 □遮蔽胶带须密封 □遮蔽合理有效,无浪费 面漆前的遮蔽与清洁

续上表

步　骤	操作方法及说明	质量标准及记录
3.面漆调配	以某品牌溶剂型素色面漆为例 （1）查找产品手册；按产品手册调配要求，色漆∶固化剂∶稀释剂＝2∶1∶1（体积比）； （2）选择合适温度的固化剂和稀释剂。先后添加色漆、固化剂和稀释剂； （3）将油漆搅拌均匀，通过滤斗过滤倒进喷枪喷壶	□调配比例为体积比 □按产品标准调配涂料，无增加或减少调配比例 □涂料搅拌均匀
4.粘尘	粘尘布需充分展开后，反向叠成方块后对喷涂区域进行粘尘	□粘尘布充分展开，轻擦拭至无残留灰尘
5.调试喷枪	以某品牌5500 RP 1.3口径O喷嘴面漆喷枪为例 （1）先调整喷枪流量旋钮为打开2.0圈左右； （2）再调整喷枪扇形旋钮打开3/4； （3）最后调整喷枪气压旋钮为2.0bar左右	□按顺序，按标准调节喷枪参数
6.单工序素色漆整板喷涂	（1）喷涂时，先喷边角，再喷正面。喷涂的第一层为雾喷层。主要起增强附着力和初步封闭作用； （2）自然闪干，指触不拉丝即可，约1min	□薄喷 单工序素色漆整板喷涂

续上表

步 骤	操作方法及说明	质量标准及记录
6. 单工序素色漆整板喷涂	(1)喷涂时,先喷边角,再喷正面。喷涂的第二层为中湿层。主要起着色和遮盖作用; (2)自然闪干,指触不拉丝即可,约3min	□遮盖底色,漆层纹理相连
	(1)检查边角是否已喷涂合格。如边角漆层有露底应再喷涂一遍边角,才喷涂正面;如边角漆层良好,则可直接喷涂正面。喷涂的第三层为全湿层。漆层效果达到光亮饱满,无弊病。如果无法达到良好的面漆效果,可再喷涂一层面漆; (2)自然闪干,约20min	□表面光亮饱满,无弊病
7. 清除遮蔽	表面涂膜闪干后,先除去遮蔽材料,避免因烘烤加热导致遮蔽胶带上的胶质溶解留在漆面上	□无残留胶质和破坏喷涂漆面
8. 完工整理	车辆、工具、设备场地整理和复位	□按5S要求整理

任务评价

单工序素色漆整板喷涂考核评分记录见表6-3。

单工序素色漆整板喷涂考核评分记录表　　　　　表6-3

类别	序号	项 目	考核内容及要求	配分	评分标准(各项配分扣完为止)	得分
专业知识 (20分)	1	清洁、遮蔽	正确描述清洁剂、除油剂的材料及使用方法	5	能回答问题,但回答不完整,按比例扣分;不能回答,扣5分	
			正确描述遮蔽的材料及使用方法	5	能回答问题,但回答不完整,按比例扣分;不能回答,扣5分	
	2	素色面漆喷涂	正确描述单工序素色漆使用的材料	5	能回答问题,但回答不完整,按比例扣分;不能回答,扣5分	
			正确描述单工序素色漆整板喷涂的方法	5	能回答问题,但回答不完整,按比例扣分;不能回答,扣5分	

续上表

类别	序号	项目	考核内容及要求	配分	评分标准(各项配分扣完为止)	得分
操作技能 (80分)	1	劳保用品穿戴	劳保用品穿戴齐全	5	穿戴不全或错误,不得分	
	2	选用工具、设备、材料	选用工具、设备、材料齐全准确	5	缺一件,扣1分,选错一件,扣1分	
	3	准备	准备工作齐全	5	准备不充分一次,扣2.5分	
	4	调配	合理调配素色面漆	5	方法错误,扣5分;未完成,扣5分	
	5	清洁、除油	板件清洁、除油	5	方法错误,扣5分;未完成,扣5分	
	6	粘尘	板件粘尘	5	方法错误,扣5分;未完成,扣5分	
		调试喷枪	调整和测试喷枪	5	方法错误,扣5分;未完成,扣5分	
		喷涂过程	喷涂过程合理	5	方法错误,扣5分;未完成,扣5分	
		闪干	合理闪干	5	方法错误,扣5分;未完成,扣5分	
		喷涂效果	弊病	10	每种弊病(露底、流挂、不均匀),扣5分	
			喷涂效果	10	按光泽度、饱满性和流平性区分档次,每档次差2分	
	7	使用工具、设备、材料	工具、设备使用正确	5	一种工具、设备、材料使用不正确,扣2分	
					损坏、丢失一件工具,不得分	
	8	操作规程	操作规程执行情况	5	违反操作规程,不得分	
	9	清理现场 (5S管理)	清理、整理并回收工具和设备	5	少收一件工具、设备,扣1分	
	分数总计			100	最终得分	

考核员签字:_____ 日期:_____年___月___日

任务2 双工序面漆喷涂(四级)

▶ 建议学时:4学时

一、知识要求

1. 能说出喷枪的选择与调整原理。
2. 能应用双工序素色漆整板喷涂方法。
3. 能应用双工序水性素色漆整板喷涂方法。
4. 能说出普通银粉色漆、水性银粉色漆颜色的影响因素。
5. 能应用普通银粉色漆、水性银粉色漆整板喷涂的方法。

6. 能说出清漆的特点。
7. 能应用清漆喷涂的方法。

二、技能要求

1. 能使用面漆喷枪完成素色漆整板喷涂。
2. 能使用面漆喷枪完成普通银粉色漆整板喷涂。
3. 能使用面漆喷枪完成普通水性银粉色漆整板喷涂。
4. 能使用面漆喷枪完成清漆整板喷涂。

一、双工序面漆喷涂基础知识

水性漆。水性漆是以去离子水作为溶剂、VOC含量较低的绿色环保产品。包括水性环氧底漆、水性中涂底漆、水性底色漆和水性清漆。目前,市场上广泛使用的是水性底色漆。虽然水性漆的VOC含量较低,在喷涂水性漆作业时,仍需佩戴好相应的喷涂防护用品,如活性炭口罩、护目镜等。作业要熟练掌握水性漆的使用,应了解水性漆的优势、特点和调配比例,见表6-4~表6-6。

水性漆与溶剂型油漆对比　　　　　　　　　　　表6-4

水 性 漆	溶剂型油漆
低VOC,对环境、人体危害小,环保	高VOC,对环境、人体危害大
气味小,安全不易燃	气味重,较不安全,易燃易爆
色母浓度高、遮盖力高,材料用量适中	色母浓度和遮盖力较水性漆稍弱,材料用量高
极佳银粉颗粒排列,减少产生"起花"现象	银粉颗粒排列不均,喷涂技术稍不好便产生"起花"现象
不易产生漆雾	易产生漆雾
免搅拌色母,无需调漆机,只需摇晃即可	需要每天使用调漆机搅拌色母,以防止色母沉淀
易驳口,减少抛光,高质高效	驳口修补技术相对难,抛光工作多
漆膜外观光滑亮丽,清晰度高	较水性漆稍弱些,需要抛光增加亮度
与原厂漆较接近	较水性漆稍弱
清洗简单,便于操作	清洗稍难,操作不便,对环境和人体危害大

水性漆的特点　　　　　　　　　　表6-5

项　目	特　点
储存	专用保温柜,无需搅拌
温度	5℃~35℃
容器	塑料容器,切勿使用金属容器
过滤	125μm 网眼尼龙滤网
开罐已稀释的保质期	3月
开罐未稀释的保质期	12月
未开罐的保质期	4年

水性漆调配比例 表6-6

类型(重量比)	色 漆	稀 释 剂
双工序纯色漆	1	10%
三工序珍珠漆的纯色层	1	10%
配方中银粉含量较少,远远少于纯色色母用量的	1	10%
含有大量珍珠色母的双工序底色漆	1	10%
双工序银粉漆/珍珠漆	1	10%~15%
三工序珍珠漆的珍珠层	1	30%

二、双工序面漆喷涂材料和工量具知识

常用的设备、工具和辅料包括喷漆房、水性型面漆喷枪、溶剂型面漆喷枪、防静电专用气管、电子秤、调漆尺、除油剂喷壶、除油剂、除油布、粘尘布、漏斗、面漆、固化剂、稀释剂、水性漆吹风枪等,详见项目四任务1表4-4和表6-7。

设备、工具和辅料 表6-7

序 号	名 称	图 片	功 能
1	水性面漆喷枪		用于喷涂水性型面漆
2	水性面漆		用于面漆涂料
3	清漆		用于面漆清漆层

续上表

序　号	名　称	图　片	功　能
4	水性漆吹风枪		用于强制干燥水性漆

任务实施

一、实训资源

(1)实训场地:喷漆房2个。

(2)实训板材:轿车或板件若干。

(3)工具耗材与设备:喷漆房、水性型面漆喷枪、溶剂型面漆喷枪、防静电专用气管、电子秤、调漆尺、除油剂喷壶、除油剂、除油布、粘尘布、漏斗、面漆、固化剂、稀释剂、水性漆吹风枪。

二、安全注意事项

(1)保证实训场地具有良好的通风条件,严禁火源。

(2)操作人员进入实训场地应穿戴合适的防护用品。

(3)操作人员在实训场地内禁止使用手机等电子设备。

三、操作过程

(1)双工序素色漆面漆喷涂工作操作方法及说明见表6-8。

双工序素色漆面漆喷涂工作操作方法及说明表　　　　表6-8

步　骤	操作方法及说明	质量标准及记录
1.安全防护	穿戴合适的防护用品。安全帽、防护眼镜、耳塞、活性炭口罩、防静电工作服、乳胶手套、安全鞋	□全程穿戴合适的防护用品

续上表

步 骤	操作方法及说明	质量标准及记录
2.溶剂型与水性型素色面漆调配	以某品牌溶剂型素色面漆为例 (1)查找产品手册;按产品手册调配要求,色漆:稀释剂=1:1(体积比); (2)选择合适温度的稀释剂。先添加素色漆,后添加控色剂,再添加稀释剂; (3)将油漆搅拌均匀,通过滤斗过滤倒进喷枪喷壶	□ 调配比例为体积比 □ 按产品标准调配涂料,无增加或减少调配比例 □ 涂料搅拌均匀
	以某品牌水性型素色面漆为例 (1)查找产品手册;按产品手册调配要求,水性素色漆:水性稀释剂=1:10%(质量比); (2)先添加水性素色漆,后添加水性稀释剂; (3)将油漆搅拌均匀,通过滤斗过滤倒进喷枪喷壶	□ 调配比例为质量比 □ 按产品标准调配涂料,无增加或减少调配比例 □ 涂料搅拌均匀
3.清漆调配	以某品牌清漆为例 (1)查找产品手册;按产品手册调配要求,色漆:固化剂:稀释剂=2:1:(0~5%)(体积比); (2)选择合适温度的固化剂和稀释剂,按顺序添加清漆、固化剂和稀释剂; (3)将油漆搅拌均匀,通过滤斗过滤倒进喷枪喷壶	□ 调配比例为体积比 □ 按产品标准调配涂料,无增加或减少调配比例 □ 涂料搅拌均匀

续上表

步 骤	操作方法及说明	质量标准及记录
4.除油	溶剂型素色面漆除油：使用油性除油剂除油	□完全擦湿，除油剂未干燥前完全擦干
	水性型素色面漆除油：先使用水性除油剂除油，再使用油性除油剂除油	□除油顺序正确
5.粘尘	粘尘布需充分展开后，反向叠成方块后对喷涂区域进行粘尘	□粘尘布充分展开，轻擦拭至无残留灰尘
6.选择与调试喷枪	溶剂型素色面漆选择溶剂型面漆喷枪，以某品牌 5500 RP 1.3 口径 O 喷嘴面漆喷枪为例 (1)先调整喷枪流量旋钮为打开2.0圈左右； (2)再调整喷枪扇形旋钮打开3/4； (3)最后调整喷枪气压旋钮为2.0bar左右	□按顺序，按标准调节喷枪参数
	水性型素色面漆选择水性型面漆喷枪，以某品牌5500HVLP 1.3口径 I 喷嘴面漆喷枪为例 (1)先调整喷枪流量旋钮为打开2.0圈左右； (2)再调整喷枪扇形旋钮打开3/4； (3)最后调整喷枪气压旋钮为1.4bar左右	□按顺序，按标准调节喷枪参数
7.双工序素色面漆喷涂	(1)喷涂时，先喷边角，再喷正面。喷涂的第一层为雾喷层。主要起增加附着力和初步封闭作用； (2)此层溶剂型面漆干燥方式为自然闪干，指触不拉丝即可，约1min。此层水性型面漆无须闪干，可直接喷涂下一涂层	□薄喷 □干燥方式

续上表

步骤	操作方法及说明	质量标准及记录
7. 双工序素色面漆喷涂	（1）喷涂时，先喷边角，再喷正面。喷涂的第二层为中湿层。主要起着色和遮盖作用； （2）溶剂型面漆干燥方式为自然闪干，指触不拉丝即可，约3min。水性型面漆干燥方式为强制闪干，使用水性漆吹风筒距离表面40cm，与表面呈45°吹干漆面，直至漆面呈哑光状态，约3min	□初步遮盖底色，漆层纹理相连
	（1）检查边角是否已喷涂合格。如边角漆层有露底应再喷涂一遍边角，后喷涂正面；如边角漆层良好，则可直接喷涂正面。喷涂的第三层为中湿层。漆层效果完全遮盖住底色； （2）溶剂型面漆干燥方式为自然闪干。水性型面漆干燥方式为强制闪干，约4min	□完全盖住底色 □完全干燥
	注意：双工序素色漆喷涂宜盖住底色即可，切忌喷涂过厚	
8. 清漆喷涂	更换清漆喷枪，以某品牌5500 RP 1.3口径O喷嘴面漆喷枪为例： （1）先调整喷枪流量旋钮为打开2.0圈左右； （2）再调整喷枪扇形旋钮打开3/4； （3）最后调整喷枪气压旋钮为2.0bar左右	□按顺序，按标准调节喷枪参数
	（1）喷涂时，先喷边角，再喷正面。喷涂的第一层为中湿层。主要起附着和打底作用； （2）自然闪干，指触不拉丝即可，约3min	□漆层纹理相连

续上表

步　骤	操作方法及说明	质量标准及记录
8.清漆喷涂	（1）检查边角是否已喷涂合格。如边角漆层有露底应再喷涂一遍边角，后喷涂正面；如边角漆层良好，则可直接喷涂正面。喷涂的第二层为全湿层，漆层效果达到光亮饱满，无弊病。如果无法达到良好的面漆效果，可再喷涂一层面漆； （2）自然闪干	□表面光亮饱满，无弊病
9.完工整理	车辆、工具、设备场地整理和复位	□按5S要求整理

（2）双工序银粉漆面漆喷涂工作操作方法及说明见表6-9。

双工序银粉漆面漆喷涂工作操作方法及说明表　　　　　　表6-9

步　骤	操作方法及说明	质量标准及记录
1.安全防护	穿戴合适的防护用品。安全帽、防护眼镜、耳塞、活性炭口罩、防静电工作服、乳胶手套、安全鞋	□全程穿戴合适的防护用品
2.溶剂型与水性型银粉面漆调配	以某品牌溶剂型银粉漆为例 （1）查找产品手册；按产品手册调配要求，银粉漆：稀释剂＝1∶1（体积比）； （2）选择合适温度的稀释剂。先后添加银粉漆和稀释剂； （3）将油漆搅拌均匀滤斗过滤，通过滤斗过滤倒进喷枪喷壶 以某品牌水性型银粉漆为例 （1）查找产品手册；按产品手册调配要求，水性银粉漆：水性稀释剂＝1∶15％（质量比）； （2）先后添加水性银粉漆和水性稀释剂； （3）将油漆搅拌均匀，使用水性滤斗过滤，倒进喷枪喷壶	□调配比例为体积比 □按产品标准调配涂料，无增加或减少调配比例 □涂料搅拌均匀 □调配比例为质量比 □按产品标准调配涂料，无增加或减少调配比例 □涂料搅拌均匀
3.清漆调配	详见表6-8清漆调配	
4.除油	详见表6-8除油	
5.粘尘	详见表6-8粘尘	

续上表

步　骤	操作方法及说明	质量标准及记录
6.选择与调试喷枪	详见表6-8 选择与调试喷枪	
7.双工序银粉漆喷涂	(1)喷涂时,先喷边角,再喷正面。喷涂的第一层为雾喷层。主要起增加附着力和初步封闭作用; (2)此层溶剂型面漆干燥方式为自然闪干,指触不拉丝即可,约1min。此层水性型面漆无须闪干,可直接喷涂下一涂层	□薄喷 □干燥方式
	(1)喷涂时,先喷边角,再喷正面。喷涂的第二层为中湿层。主要起着色和遮盖作用; (2)溶剂型面漆干燥方式为自然闪干,指触不拉丝即可,约3min。水性型面漆干燥方式为强制闪干,使用水性漆吹风筒距离表面40cm,与表面呈45°吹干漆面,直至漆面呈哑光状态,约3min	□初步遮盖底色,漆层纹理相连 双工序银粉漆喷涂
	(1)检查边角是否已喷涂合格。如边角漆层有露底应再喷涂一遍边角,后喷涂正面;如边角漆层良好,则可直接喷涂正面。喷涂的第三层为中湿层。漆层效果完全遮盖住底色; (2)溶剂型面漆干燥方式为自然闪干。溶剂型面漆干燥方式为强制闪干,使用水性漆吹风筒距离表面40cm,与表面呈45°吹干漆面,直至漆面呈哑光状态,约3min	□完全盖住底色
	调整喷枪参数,溶剂型和水性型银粉漆喷枪参数调整一致。 (1)先调整喷枪流量旋钮为打开1.0圈; (2)再调整喷枪扇形旋钮为全打开; (3)最后调整喷枪气压旋钮为1.0bar	□按顺序,按标准调节喷枪参数

续上表

步骤	操作方法及说明	质量标准及记录
7.双工序银粉漆喷涂	(1)喷涂的第四层为修饰层。漆层效果均匀无发花。银粉漆修饰层喷涂时,喷枪距离板面应相对较远些,为30~35cm; (2)溶剂型面漆干燥方式为自然闪干。溶剂型面漆干燥方式为强制闪干,使用水性漆吹风筒距离表面40cm,与表面呈45°吹干漆面,直至漆面呈哑光状态,约3min 注意:银粉漆修饰层喷涂切记不可喷湿	□喷涂距离 □完全干燥
8.清漆喷涂	喷涂方法详见表6-8 清漆喷涂	
9.完工整理	车辆、工具、设备场地整理和复位	□按5S要求整理

任务评价

双工序色漆整板喷涂考核评分记录见表6-10。

双工序色漆喷涂考核评分记录表   表6-10

类别	序号	项目	考核内容及要求	配分	评分标准(各项配分扣完为止)	得分
专业知识 (20分)	1	色漆	正确描述溶剂型和水性型双工序素色漆整板喷涂的方法	5	能回答问题,但回答不完整,按比例扣分;不能回答,扣5分	
			正确描述溶剂型和水性型双工序银粉漆整板喷涂的方法	5	能回答问题,但回答不完整,按比例扣分;不能回答,扣5分	

续上表

类别	序号	项目	考核内容及要求	配分	评分标准(各项配分扣完为止)	得分
专业知识(20分)	2	清漆	正确描述清漆使用的材料	5	能回答问题,但回答不完整,按比例扣分;不能回答,扣5分	
			正确描述清漆整板喷涂的方法	5	能回答问题,但回答不完整,按比例扣分;不能回答,扣5分	
操作技能(80分)	1	劳保用品穿戴	劳保用品穿戴齐全	5	穿戴不全,不得分	
	2	选用工具、设备、材料	选用工具、设备、材料齐全准确	5	缺一件,扣1分,选错一件,扣1分	
	3	准备	准备工作齐全	5	准备不充分一次,扣2.5分	
	4	调配	合理调配面漆	5	方法错误,扣5分;未完成,扣5分	
	5	清洁、除油	板件清洁、除油	5	方法错误,扣5分;未完成,扣5分	
	6	粘尘	板件粘尘	5	方法错误,扣5分;未完成,扣5分	
		调试喷枪	调整和测试喷枪	5	方法错误,扣5分;未完成,扣5分	
		喷涂过程	喷涂过程合理	5	方法错误,扣5分;未完成,扣5分	
		闪干	合理闪干	5	方法错误,扣5分;未完成,扣5分	
		喷涂效果	弊病	10	每种弊病(露底、流挂、不均匀),扣5分	
			喷涂效果	10	按光泽度、饱满性和流平性区分档次,每档次差1分	
	7	正确使用工具、设备、材料	工具、设备使用正确	5	一种工具、设备、材料使用不正确,扣2分	
					损坏、丢失一件工具,不得分	
	8	操作规程	操作规程执行情况	5	违反操作规程,不得分	
	9	清理现场(5S管理)	清理、整理并回收工具和设备	5	少收一件工具、设备,扣1分	
		分数总计		100	最终得分	

考核员签字:_____   日期:_____年___月___日

任务3 低银粉面漆局部喷涂(三级)

▶ 建议学时:4学时

考核要求

一、知识要求

1.能说出银粉漆、水性银粉漆颜色的影响因素。

2. 能应用银粉漆、水性银粉漆局部修补喷涂方法。
3. 能说出清漆特点。
4. 能应用清漆喷涂方法。

二、技能要求

1. 能使用面漆喷枪完成银粉漆、水性银粉漆局部修补。
2. 能使用面漆喷枪完成局部修补后的清漆整板喷涂。

一、低银粉面漆局部喷涂基础知识

1. 驳口喷涂注意事项

（1）驳口中，色漆常采用弧形手法喷涂三遍，每层喷涂范围应逐渐扩大，一般色漆修补范围不超过板件大小的一半。如图6-3所示。

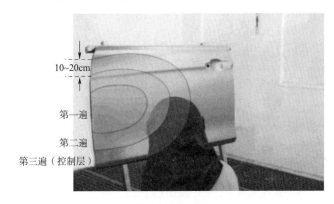

图6-3 驳口喷涂

（2）对遮盖力较弱的颜色，不要急于遮盖底色，每层色漆需闪干后方能喷涂下一遍色漆。

（3）把握好干湿喷：喷涂过湿，会形成齐边、块状，且导致颜色深、颗粒细、彩度高；喷涂过干，或过度扫喷，会导致漆面发花或颜色浅、颗粒粗、彩度低。

（4）使用可调灰度底漆，使色漆更容易遮盖，减少色漆喷涂遍数，能减少问题的出现。

2. 弧形手法

弧形手法是指喷涂时喷枪移动呈现弧形的手法。如图6-4所示。

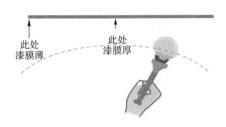

图6-4 弧形手法

二、低银粉面漆局部喷涂材料和工量具知识

常用的设备、工具和辅料包括喷漆房、水性型面漆喷枪、溶剂型面漆喷枪、防静电专用气管、电子秤、调漆尺、除油剂喷壶、除油剂、除油布、粘尘布、漏斗、面漆、固化剂、稀释剂、水性漆吹风枪、吹尘枪、碳粉指示剂、双作用干磨机、菜瓜布等,详见项目四任务 1 表 4-4 和表 6-7。

任务实施

一、实训资源

(1) 实训场地:喷漆房 2 个。
(2) 实训板材:轿车或板件若干。
(3) 工具耗材与设备:面漆喷枪、防静电专用气管、电子秤、调漆尺、除油剂喷壶、除油剂、除油布、粘尘布、漏斗、面漆、固化剂、稀释剂、水性漆吹风枪、吹尘枪、碳粉指示剂、双作用干磨机、菜瓜布。

二、安全注意事项

(1) 保证实训场地具有良好的通风条件,严禁火源。
(2) 操作人员进入实训场地应穿戴合适的防护用品。
(3) 操作人员在实训场地内禁止使用手机等电子设备。

三、操作过程

局部修补喷涂工作操作方法及说明见表 6-11。

局部修补喷涂工作操作方法及说明表　　　表 6-11

步　　骤	操作方法及说明	质量标准及记录
1. 局部修补喷涂前的打磨	穿戴合适的打磨防护用品。 护目镜　工作帽 防尘口罩　耳塞 工作服 棉纱手套 安全鞋	□全程穿戴合适的防护用品
	均匀施涂打磨碳粉	□一次完全施涂即可

续上表

步　　骤	操作方法及说明	质量标准及记录
1.局部修补喷涂前的打磨	（1）使用偏心距为3mm的双作用干磨机配合软垫和P500砂纸打磨中涂底漆区域； （2）使用偏心距为3mm的双作用干磨机配合软垫和P800砂纸打磨清漆区域。边角等无法机器打磨的表面，使用P800的海绵砂或者灰色P1500的菜瓜布进行手工打磨。最后使用P2000的圆形菜瓜布配合双作用干磨机进行砂纸痕细致处理，同时减少打磨灰尘 注意：尽量不使用手工打磨正面，因为易产生砂纸痕，且难于消除。切勿磨穿色漆层，一旦磨穿，将增加修补面积	□无磨穿 □分层打磨 □无较明显砂纸痕
2.安全防护	穿戴合适的防护用品	□全程穿戴合适的防护用品
3.水性型银粉漆和清漆调配	以某品牌水性型银粉漆为例 （1）查找产品手册；按产品手册调配要求，水性银粉漆：水性稀释剂＝1：15%（质量比）； （2）先后添加水性银粉漆和水性稀释剂； （3）将油漆搅拌均匀；使用水性滤斗过滤，倒进喷枪喷壶	□调配比例为质量比 □按产品标准调配涂料，无增加或减少调配比例 □涂料搅拌均匀
	以某品牌清漆为例 （1）查找产品手册；按产品手册调配要求，色漆：固化剂：稀释剂＝2：1：0～5%（体积比）； （2）选择合适温度的固化剂和稀释剂。先后添加清漆、固化剂和稀释剂； （3）将油漆搅拌均匀；滤斗过滤，倒进喷枪喷壶	□调配比例为体积比 □按产品标准调配涂料，无增加或减少调配比例 □涂料搅拌均匀

续上表

步 骤	操作方法及说明	质量标准及记录
4.除油	水性型银粉漆除油:先使用水性除油剂除油,再使用油性除油剂除油	□完全擦湿,完全擦干
5.粘尘	粘尘布需充分展开后,再叠起来或者团起来对喷涂区域进行粘尘	□粘尘布充分展开,轻擦拭至无残留灰尘
6.选择与调试喷枪	水性型银粉漆选择水性型面漆喷枪,以某品牌5500HVLP 1.3口径I喷嘴面漆喷枪为例 (1)先调整喷枪流量旋钮为打开2.0圈左右; (2)再调整喷枪扇形旋钮打开3/4; (3)最后调整喷枪气压旋钮为1.4bar左右	□按顺序,按标准调节喷枪参数
7.低银粉漆修补喷涂	(1)喷涂的第一层为雾喷层,采用弧形手法,边缘要薄; (2)无须闪干,可直接喷涂下一涂层	□薄喷 □干燥方式
	注意:切勿为了遮盖,喷涂过湿。无须喷涂和底漆一样大小的面积,以防止形状齐边	
	(1)喷涂的第二层为中湿层,主要起遮盖作用。采用弧形手法; (2)色漆边界需超过上一层10~20cm; (3)使用水性漆吹风筒距离表面40cm,与表面呈45°吹干漆面,直至漆面呈哑光状态,约3min	□遮盖底色 □喷涂范围扩大

续上表

步　骤	操作方法及说明	质量标准及记录
	调整喷枪参数 (1) 先调整喷枪流量旋钮为打开 1.0 圈; (2) 再调整喷枪扇形旋钮为全打开; (3) 最后调整喷枪气压旋钮为 1.0bar	□按顺序,按标准调节喷枪参数
7. 低银粉漆修补喷涂	(1) 喷涂的第三层为修饰层。漆层效果过渡均匀无发花。银粉漆修饰层喷涂时,喷枪距离板面应相对较远些,为 30～35cm; (2) 色漆边界需超过上一层 10～20cm; (3) 使用水性漆吹风筒距离表面 40cm,与表面呈 45°吹干漆面,直至漆面呈哑光状态,约 3min	□喷涂距离 □喷涂范围扩大 □完全干燥
	注意:切忌干喷、扫喷,导致银粉发花,颜色过浅	
8. 清漆喷涂	详见表 6-8 清漆喷涂	
9. 完工整理	车辆、工具、设备场地整理和复位	□按 5S 要求整理

任务评价

低银粉局部修补喷涂考核评分记录见表 6-12。

低银粉局部修补喷涂考核评分记录表　　表 6-12

类别	序号	项　目	考核内容及要求	配分	评分标准(各项配分扣完为止)	得分
专业知识 (20 分)	1	局部修补	正确描述银粉漆颜色的影响因素	5	能回答问题,但回答不完整,按比例扣分;不能回答,扣 5 分	
			正确描述银粉漆局部修补喷涂的方法	5	能回答问题,但回答不完整,按比例扣分;不能回答,扣 5 分	
	2	清漆	正确描述清漆使用的材料	5	能回答问题,但回答不完整,按比例扣分;不能回答,扣 5 分	
			正确描述清漆整板喷涂的方法	5	能回答问题,但回答不完整,按比例扣分;不能回答,扣 5 分	
操作技能 (80 分)	1	劳保用品穿戴	劳保用品穿戴齐全	5	穿戴不全或错误,不得分	
	2	选用工具、设备、材料	选用工具、设备、材料齐全准确	5	缺一件,扣 1 分,选错一件,扣 1 分	
	3	准备	准备工作齐全	5	准备不充分一次,扣 2.5 分	
	4	调配	合理调配面漆	5	方法错误,扣 5 分;未完成,扣 5 分	

续上表

类别	序号	项目	考核内容及要求	配分	评分标准(各项配分扣完为止)	得分
操作技能 (80分)	5	清洁、除油	板件清洁、除油	5	方法错误,扣5分;未完成,扣5分	
	6	粘尘	板件粘尘	5	方法错误,扣5分;未完成,扣5分	
		调试喷枪	调整和测试喷枪	5	方法错误,扣5分;未完成,扣5分	
		喷涂过程	喷涂过程合理	5	方法错误,扣5分;未完成,扣5分	
		闪干	合理闪干	5	方法错误,扣5分;未完成,扣5分	
		喷涂效果	弊病	10	每种弊病(露底、流挂、不均匀),扣5分	
			喷涂效果	10	按光泽度、饱满性和流平性区分档次,每档次差一分	
	7	正确使用工具、设备、材料	工具、设备使用正确	5	一种工具、设备、材料使用不正确,扣2分	
					损坏、丢失一件工具,不得分	
	8	操作规程	操作规程执行情况	5	违反操作规程,不得分	
	9	清理现场(5S管理)	清理、整理并回收工具和设备	5	少收一件工具、设备,扣1分	
		分数总计		100	最终得分	

考核员签字:_____　　　　　　　　日期:_____年___月___日

任务4　高银粉面漆整板喷涂(三级)

▶ 建议学时:2学时

考核要求

一、知识要求

1. 能说出银粉漆、水性银粉漆颜色的影响因素。
2. 能应用银粉漆、水性银粉漆局部修补喷涂方法。
3. 能说出清漆特点。
4. 能应用清漆喷涂方法。

二、技能要求

1. 能使用面漆喷枪完成银粉漆、水性银粉漆局部修补。
2. 能使用面漆喷枪完成局部修补后的清漆整板喷涂。

项目六 面漆喷涂技术

一、高银粉面漆整板喷涂基础知识

1.银粉漆效果的影响因素

银粉漆效果受施工条件、喷涂手法和喷涂环境的影响较大。喷涂按照不同的施工条件和手法可以分为正常喷涂、干喷和湿喷三种类型。不同的喷涂类型,体现的银粉颗粒排列和颜色三要素均不一致,详见表6-13。

不同喷涂类型银粉颗粒排列情况　　　　　　　　　　　　　　　表6-13

正常喷涂	干喷	湿喷
分布均匀	银粉或珍珠颗粒主要排列在上层并且排列较平	银粉或珍珠颗粒主要排列在下层并且呈竖排
正常	正面相对较明亮,侧面相对较暗;银粉颗粒显得比较粗并且密度比较大;颜色彩度较低	正面相对较暗,侧面相对较亮;银粉颗粒显得比较细并且密度比较小;颜色彩度较高

因此,要使银粉漆喷涂能达到合格的要求,应从喷涂方式中掌握干喷和湿喷中对银粉颗粒的影响,如图6-5所示。

```
干喷        喷涂方式        湿喷
减少   ←    出漆量    →   增加
增加   ←    气压      →   减少
开大   ←    喷幅      →   关小
远     ←    喷枪距离  →   近
快     ←    走枪速度  →   慢
延长   ←    晾干时间  →   缩短
过稀   ←    稀料比例  →   不够稀
快干   ←    稀料种类  →   慢干
小     ←    喷嘴口径  →   大
```

图6-5　喷涂方式

2.高银粉漆常见缺陷及原因

高银粉漆常见缺陷为银粉起花,即喷涂银粉漆的过程中或者喷涂之后,有明暗交替的斑块(类似云状)或条纹状出现。其主要原因包括:

(1)选用了不合适的稀释剂类型或稀释剂干燥速度太慢。

(2)喷涂银粉漆时喷枪与面板距离较近,喷幅重叠不均匀,气压调节不当。

(3)喷涂清漆层与银粉底色层之间的闪干时间不足。

(4)第一道清漆喷涂过湿或调配得太稀,导致银粉底色漆部分溶解后和清漆层混合在一起。

(5)喷枪操作不正确,喷涂后涂层过厚或涂层厚度不均匀、喷枪雾化效果差。

二、高银粉面漆材料和工量具知识

常用的设备、工具和辅料包括面漆喷枪、防静电专用气管、电子秤、调漆尺、除油剂喷壶、除油剂、除油布、粘尘布、漏斗、面漆、固化剂、稀释剂、水性漆吹风枪等,见项目四任务1表4-4和表6-7。

一、实训资源

(1)实训场地:喷漆房2个。
(2)实训板材:轿车或板件若干。
(3)工具耗材与设备:面漆喷枪、防静电专用气管、电子秤、调漆尺、除油剂喷壶、除油剂、除油布、粘尘布、漏斗、面漆、固化剂、稀释剂、水性漆吹风枪等。

二、安全注意事项

(1)保证实训场地具有良好的通风条件,严禁火源。
(2)操作人员进入实训场地应穿戴合适的防护用品。
(3)操作人员在实训场地内禁止使用手机等电子设备。

三、操作过程

高银粉面漆整板喷涂工作操作方法及说明见表6-14。

高银粉面漆整板喷涂工作操作方法及说明表　　表6-14

步骤	操作方法及说明	质量标准及记录
1.安全防护	穿戴合适的防护用品。安全帽、防护眼镜、耳塞、活性炭口罩、防静电工作服、乳胶手套、安全鞋	□全程穿戴合适的防护用品
2.溶剂型与水性型银粉面漆调配	以某品牌溶剂型银粉漆为例 (1)查找产品手册;按产品手册调配要求,银粉漆∶稀释剂=1∶1(体积比); (2)选择合适温度的稀释剂。先后添加银粉漆和稀释剂; (3)将油漆搅拌均匀滤斗过滤,通过滤斗过滤倒进喷枪喷壶	□调配比例为体积比 □按产品标准调配涂料,无增加或减少调配比例 □涂料搅拌均匀
	以某品牌水性型银粉漆为例 (1)查找产品手册;按产品手册调配要求,水性银粉漆∶水性稀释剂=1∶15%(质量比); (2)先后添加水性银粉漆和水性稀释剂; (3)将油漆搅拌均匀,使用水性滤斗过滤,倒进喷枪喷壶	□调配比例为质量比 □按产品标准调配涂料,无增加或减少调配比例 □涂料搅拌均匀

续上表

步　骤	操作方法及说明	质量标准及记录
3.清漆调配	以某品牌清漆为例 （1）查找产品手册；按产品手册调配要求，色漆∶固化剂∶稀释剂＝2∶1∶0～5%（体积比）； （2）选择合适温度的固化剂和稀释剂，先后清漆、固化剂和稀释剂； （3）将油漆搅拌均匀，通过滤斗过滤倒进喷枪喷壶	□调配比例为体积比 □按产品标准调配涂料，无增加或减少调配比例 □涂料搅拌均匀
4.除油	溶剂型素色面漆除油：使用油性除油剂除油 水性型素色面漆除油：先使用水性除油剂除油，再使用油性除油剂除油	□完全擦湿，除油剂未干燥前完全擦干 □除油顺序正确
5.粘尘	粘尘布需充分展开后，反向叠成方块后对喷涂区域进行粘尘	□粘尘布充分展开，轻擦拭至无残留灰尘
6.选择与调试喷枪	溶剂型素色面漆选择溶剂型面漆喷枪，以某品牌5500 RP 1.3口径O喷嘴面漆喷枪为例 （1）先调整喷枪流量旋钮为打开2.0圈左右； （2）再调整喷枪扇形旋钮打开3/4； （3）最后调整喷枪气压旋钮为2.0bar左右	□按顺序，按标准调节喷枪参数

续上表

步 骤	操作方法及说明	质量标准及记录
6.选择与调试喷枪	水性型素色面漆选择水性型面漆喷枪,以某品牌5500HVLP 1.3口径I喷嘴面漆喷枪为例 (1)先调整喷枪流量旋钮为打开2.0圈左右; (2)再调整喷枪扇形旋钮打开3/4; (3)最后调整喷枪气压旋钮为1.4bar左右	□按顺序,按标准调节喷枪参数
7.高银粉漆喷涂	(1)喷涂时,先喷边角,再喷正面。喷涂的第一层为雾喷层。主要起附着和初步封闭作用; (2)此层溶剂型面漆干燥方式为自然闪干,指触不拉丝即可,约1min。此层水性型面漆无须闪干,可直接喷涂下一涂层	□薄喷 □干燥方式
	(1)喷涂时,先喷边角,再喷正面。喷涂的第二层为中湿层。主要起着色和遮盖作用; (2)溶剂型面漆干燥方式为自然闪干,指触不拉丝即可,约3min。溶剂型面漆干燥方式为强制闪干,使用水性漆吹风筒距离表面40cm,与表面呈45°吹干漆面,直至漆面呈哑光状态,约3min	□初步遮盖底色,漆层纹理相连
	(1)检查边角是否已喷涂合格。如边角漆层有露底应再喷涂一遍边角,后喷涂正面;如边角漆层良好,则可直接喷涂正面。喷涂的第三层为中湿层。漆层效果完全遮盖住底色; (2)溶剂型面漆干燥方式为自然闪干。溶剂型面漆干燥方式为强制闪干,使用水性漆吹风筒距离表面40cm,与表面呈45°吹干漆面,直至漆面呈哑光状态,约3min	□完全盖住底色

续上表

步　骤	操作方法及说明	质量标准及记录
7.高银粉漆喷涂	调整喷枪参数,溶剂型和水性型银粉漆喷枪参数调整一致。 (1)先调整喷枪流量旋钮为打开1.0圈; (2)再调整喷枪扇形旋钮为全打开; (3)最后调整喷枪气压旋钮为1.0bar	□按顺序,按标准调节喷枪参数
	(1)喷涂的第四层为修饰层。漆层效果均匀无发花。银粉漆修饰层喷涂时,喷枪距离板面应相对较远些,为30～35cm; (2)因高银粉面漆较容易发花,如发现有发花现象,可再喷涂一层修饰层,直至解决发花问题; (3)溶剂型面漆干燥方式为自然闪干。溶剂型面漆干燥方式为强制闪干,使用水性漆吹风筒距表面40cm,与表面呈45°吹干漆面,直至漆面呈哑光状态,约3min	□喷涂距离 □完全干燥
	注意:银粉漆修饰层喷涂切记不可喷湿	
8.清漆喷涂	详见表6-8 清漆喷涂	
9.完工整理	车辆、工具、设备场地整理和复位	□按5S要求整理

任务评价

高银粉面漆喷涂考核评分记录见表6-15。

高银粉面漆喷涂考核评分记录表

表 6-15

类别	序号	项目	考核内容及要求	配分	评分标准(各项配分扣完为止)	得分
专业知识 (20分)	1	色漆	正确描述溶剂型和水性型双工序素色漆整板喷涂的方法	5	能回答问题,但回答不完整,按比例扣分;不能回答,扣5分	
			正确描述溶剂型和水性型双工序银粉漆整板喷涂的方法	5	能回答问题,但回答不完整,按比例扣分;不能回答,扣5分	
	2	清漆	正确描述清漆使用的材料	5	能回答问题,但回答不完整,按比例扣分;不能回答,扣5分	
			正确描述清漆整板喷涂的方法	5	能回答问题,但回答不完整,按比例扣分;不能回答,扣5分	
操作技能 (80分)	1	劳保用品穿戴	劳保用品穿戴齐全	5	穿戴不全或错误,不得分	
	2	选用工具、设备、材料	选用工具、设备、材料齐全准确	5	缺一件,扣1分,选错一件,扣1分	
	3	准备	准备工作齐全	5	准备不充分一次,扣2.5分	
	4	调配	合理调配面漆	5	方法错误,扣5分;未完成,扣5分	
	5	清洁、除油	板件清洁、除油	5	方法错误,扣5分;未完成,扣5分	
	6	粘尘	板件粘尘	5	方法错误,扣5分;未完成,扣5分	
		调试喷枪	调整和测试喷枪	5	方法错误,扣5分;未完成,扣5分	
		喷涂过程	喷涂过程合理	5	方法错误,扣5分;未完成,扣5分	
		闪干	合理闪干	5	方法错误,扣5分;未完成,扣5分	
		喷涂效果	弊病	10	每种弊病(露底、流挂、不均匀),扣5分	
			喷涂效果	10	按光泽度、饱满性和流平性区分档次,每档次差一分	
	7	正确使用工具、设备、材料	工具、设备使用正确	5	一种工具、设备、材料使用不正确,扣2分	
					损坏、丢失一件工具,不得分	
	8	操作规程	操作规程执行情况	5	违反操作规程,不得分	
	9	清理现场 (5S管理)	清理、整理并回收工具和设备	5	少收一件工具、设备,扣1分	
			分数总计	100	最终得分	

考核员签字:_____ 日期:_____年___月___日

项目七　抛光技术

项目描述

经过重新喷涂后,漆面可能会存在脏点、橘皮、流挂等缺陷,需要送入喷漆修理区的抛光工位进行抛光处理。漆面抛光是利用抛光机,配合各类柔性抛光工具(羊毛盘、海绵盘)和各类研磨颗粒(抛光剂)在车身漆面的高速旋转产生摩擦,以去除漆面划痕、氧化层等缺陷,使重喷后的漆面纹理、光泽等与未重喷的原始漆面相似所进行的作业。重涂漆面中常见的尘点、橘皮、流挂等轻度缺陷都可以通过抛光处理来解决,从而达到交车状态,但并不是所有的漆面缺陷都可以通过抛光来处理,抛光解决不了的缺陷只能返工重喷。抛光技术的高低直接关系到重喷漆面的返工率,影响客户满意度,因此抛光技术是喷漆技师必须掌握的技能。

本项目通过对抛光处理应用到的抛光工具、设备、使用材料及抛光操作流程和方法进行讲解,从而让读者掌握浅色面漆和深色面漆抛光处理的专业知识和操作要点。

任务1　浅色面漆抛光(五级)

▶ 建议学时:5学时

考核要求

一、知识要求

1. 能叙述浅色面漆抛光的标准工艺流程。
2. 知道抛光所需工具、设备及材料的种类和选用。
3. 掌握去除面漆表面缺陷的方法。
4. 讲解抛光的重要性。
5. 说出抛光过程中的安全防护要求和设备的操作规范、维护及安全事项。

二、技能要求

1. 能正确辨别浅色面漆表面的脏点、橘皮等缺陷。
2. 能根据不同的缺陷选用对应的方法进行缺陷去除。
3. 能根据浅色面漆抛光工艺流程完成抛光作业。
4. 能正确判断抛光后漆面效果好坏。

任务准备

一、浅色面漆抛光基础知识

浅色面漆抛光工艺流程如图 7-1 所示。

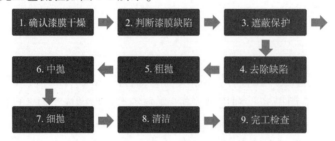

图 7-1 浅色面漆抛光工艺流程

（1）确认漆膜干燥。为了避免抛光后出现打磨砂纸痕、驳口过渡区域有接口，需要先确认漆膜是否干燥至可以抛光，方法一是喷涂闪干后 60℃强制烘烤 30min 冷却后进行；方法二是常温干燥后进行（建议等待过夜，用手指按压涂层，直到指尖变白，没有指印）。

（2）判断涂膜缺陷。抛光打磨前利用自然光或者专用工作灯检查涂膜缺陷，确认缺陷是否可以通过抛光来解决，具体见表 7-1。

表 7-1 判断涂膜缺陷

判断结果	涂膜缺陷类型			
	尘点	轻微橘皮	轻微流挂	失光（左边）
可抛光				
	鱼眼	痱子	砂纸痕	严重流挂
不可抛光				

（3）去除缺陷技巧。漆面有不同的缺陷，缺陷程度也不相同，需要根据实际情况来决定适当的去除方法。

①去除橘皮。重喷后漆面出现橘皮，导致其纹理跟未重涂表面不一致，需要 P1200、P1500、P2000 砂纸打磨粗糙的纹理；如果是局部纹理粗糙，也可使用点抛机配合水磨砂纸去除，如图 7-2 所示；大面积有粗糙纹理用偏心距 3mm 的打磨机配合精磨砂棉 P2000～P4000 打磨去除，如图 7-3 所示；如果非常粗糙，则必须返工重喷。

②去除脏点颗粒。使用打磨垫块配合 P1200、P1500、P2000 砂纸磨平局部的脏点颗粒；对于少量脏点颗粒，也可以使用点抛机配合砂纸去除，如图 7-4 所示；大面积有颗粒用偏心

距3mm的打磨机配合精磨砂棉 P2000~P4000 打磨；对于较大的尘点可使用刀片去除，有条件的建议使用专用刮刀比较安全。

图7-2 水磨砂纸去除

图7-3 精磨砂棉去除

③去除流挂。方法一：使用打磨垫块配合 P1200、P1500、P2000 砂纸磨平局部的流挂；方法二：使用专用刮刀刮掉小面积的流挂，如图7-5所示，然后再使用方法一磨平。如果流挂面积较大、较严重则必须返工重喷。

图7-4 点抛机去除

图7-5 刀片去除

（4）抛光的技术技巧。漆面抛光是一项学问很深的技巧，一般由粗抛、中抛及细抛三道基本工序构成，每一道工序都直接关系到抛光的结果，所以想要做好抛光必须每一步都做到位。

①粗抛。粗抛目的是清除打磨砂纸痕，达到快速抛光效果，如图7-6所示。对于小面积的漆面，建议选择点抛机＋羊毛盘＋粗抛光剂（或多合一抛光剂），对于大面积的漆面，建议选择抛光机（立式/卧式）＋羊毛盘＋粗抛光剂（或多合一抛光剂），以提高效率。抛光机转速采用低速挡，通常是抛光机的2挡或3挡，粗抛后使用除油剂检查是否完全去除。

②中抛。中抛目的是清除粗抛光痕，达到亮丽漆面效果，如图7-7所示。对于小面积的漆面，建议选择点抛机＋粗海绵盘＋中抛光剂（或多合一抛光剂），对于大面积的漆面，建议选择抛光机（立式/卧式）＋海绵盘＋中抛光剂（或多合一抛光剂），以提高效率。抛光机转速采用中速挡，通常是抛光机的3挡或4挡，中抛后使用除油剂检查是否完全去除。

③细抛。细抛目的是清除中抛光痕，提高深色漆膜光亮度，增加颜色深度，如图7-8所示。对于小面积的漆面，建议选择点抛机＋细海绵盘＋细抛光剂（或多合一抛光剂），对于大面积的漆面，建议选择抛光机（立式/卧式）＋细海绵盘＋细抛光剂（或多合一抛光剂），以提高效率。抛光机转速采用高速挡，通常是抛光机的4挡或5挡，相邻板面也要进行抛光上

光,避免新旧亮度不同引起颜色差异。

图7-6　粗抛

图7-7　中抛

图7-8　细抛

④清洁检查。抛光完成后使用细纤维毛巾(法兰绒布)清洗车身上多余的抛光剂,如图7-9所示,避免时间太长难以清除;使用擦拭布配合除油剂检查抛光效果,如图7-10所示,确保全部抛透,避免洗车后重新抛光。

图7-9　擦除多余的抛光剂

图7-10　除油检查抛光效果

二、浅色面漆抛光工量具、材料和安全防护知识

1. 工具、设备知识

(1)抛光机。研磨/抛光机是一种集研磨和抛光为一体的设备。安装研磨盘时可进行研磨作业,安装抛光盘可进行抛光作业,俗称为抛光机。研磨/抛光机根据不同的分类标准,可分为不同的类别,见表7-2。

抛光机的另一种分类标准可分为立式抛光机和卧式抛光机两大类。立式抛光机是垂直设计模式,施力不好稳定控制,必须要专业培训才能掌握好,如图7-11所示。卧式抛光机,如图 7-12 所示,技术要求低,好施力。

抛光机的种类　　　　　　　　　　表 7-2

机 型	运 动 原 理	特 点	适 用 场 合
RO 同心抛光机	只会强制往一个方向旋转的抛光机,一般都是顺时针方向旋转	市面上最常见的一种抛光机类型,具有较强的切削力,容易在漆面升温,容易产生炫光纹,容易抛穿,对操作者的技术要求偏高	RO 机的强项是去除深划痕,经过专业培训后可使用于抛光的每一道工序
DA 自由偏心抛光机	双作用的抛光机,转起来是随机的,并不会重复一个固定的旋转方式	相比 RO 机,更安全可控,作用漆面温度较低,不易留下眩光纹,在受重压或者遇到边棱部位时,抛光盘会减弱旋转或者停止,对操作者的技术要求低	DA 的强项在于处理炫纹、收尾,适合新手和 DIY 使用
GA 强制偏心抛光机	在 DA 的基础上,加入齿轮驱动系统,让 DA 像 RO 一样强制旋转	特点:折中了 RO 和 DA 的性能,工作效率比 RO 略慢,又比 DA 略快;安全性比 RO 略高,但比 DA 略低	适合精细研磨抛光,保证效率的同时,减少对漆层不必要的损耗

图 7-11　立式抛光机

图 7-12　卧式抛光机

(2)抛光盘。抛光机配套装置主要由研磨盘和抛光盘,其材料有海绵和毛料(羊毛、混织毛)等,常用的抛光盘种类见表 7-3。

2.抛光处理材料知识

(1)抛光剂的种类。抛光剂由研磨颗粒、溶剂、综合润滑油和遮盖油组成,抛光剂的分类方法多种多样。

抛光盘种类   表7-3

序号	类别	说明	特点	适用范围
1	羊毛盘	羊毛抛光盘一般分为白色和黄色两种；黄色的羊毛盘切削力强，能去除漆面严重瑕疵，配合较粗的研磨剂进行打磨快速去除划痕或修饰研磨剂；白色羊毛盘切削力较黄色的弱一些，一般配合还原剂来抛光漆面，去除漆面粗蜡抛光痕及轻微擦伤痕	传统式切割材料，研磨能力强，功效大，技术不到位研磨后会留下炫纹	可用于粗抛、中抛
2	海绵盘	海绵盘按颜色一般可分为黄色盘、白色盘、黑色盘；海绵盘按形状可分为直切型、平切型、波浪型	切削力较羊毛盘弱，能有效去除中度漆面的瑕疵	可用于中抛、细抛及还原

按功能分为水性抛光剂、油性遮盖抛光剂(含硅油,不含硅油)、树脂遮盖抛光剂三类。

按形式又可分为漆面美容用和钣喷用,其中钣喷业不得使用含有硅油的抛光剂,因为硅油遇高温挥发后黏附在漆房周围,喷漆时将破坏漆的凝固,造成鱼眼、针孔等漆面缺陷。

按使用位置还可分为漆面用、大灯用、镀铬条及金属件用、玻璃用。

(2)抛光剂搭配选用原则。抛光剂需要根据抛光盘的粗细来选用,抛光剂和抛光盘配合不同的效果见表7-4。

抛光剂和抛光盘配合不同的效果   表7-4

类别	粗颗粒的抛光剂粗抛光盘	细颗粒的抛光剂细抛光盘
去除砂纸痕	大(强)	小(弱)
光泽效果	小(低)	大(高)

3.安全防护知识

抛光处理过程中的安全生产和规范的个人防护是防止发生火灾、伤亡事故、职业病,保障人员身体健康的一个重要措施。抛光作业中规范的安全防护具体如图7-13所示。

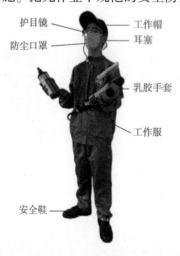

图7-13 抛光作业安全防护

一、实训资源

1. 实训场地:抛光工位 8 个(含暖光灯和冷光灯光源)。
2. 实训板件:发动机舱盖 8 个(已喷好浅色面漆)。
3. 工具耗材与设备:立式/卧式 RO 同心抛光机 8 台,GA 偏心抛光机 8 台,配套抛光盘各 8 套(含羊毛盘和海绵盘),配套抛光剂各 8 套,红外线温度枪 8 把,水磨砂纸若干,抛光垫清洁刷/吹风枪 8 个,超细纤维擦拭布/毛巾若干,抛光石/垫块若干,刀片/专用刨刀若干、点抛机 8 台,遮蔽胶带若干。

二、安全注意事项

1. 操作人员应穿戴工作服和安全鞋,必要时佩戴护目镜、防尘口罩和胶手套等(图 7-13)。
2. 电动设备使用严格按照额定电压、频率提供电源。
3. 吹尘枪使用时谨防对人吹。
4. 抛光机务必规范操作,特别是电源线,以免发生触电或缠绕事故。

三、操作过程

浅色面漆抛光具体操作方法及说明见表 7-5。

浅色面漆抛光具体操作方法及说明　　　　表 7-5

步　骤	操作方法及说明	质量标准及记录
1. 确认漆膜干燥情况	确认漆膜经过 60℃烘烤 30min 并冷却后可进行;对于常温干燥的漆膜,需要用手指按压涂层,直到指尖变白,没有指印,则可以进行抛光	□确认干燥的方法正确
2. 检查漆膜缺陷	在良好的自然光源或专业光源下检查漆膜缺陷,并确认缺陷是否可以通过抛光来解决;	□正确分辨漆膜缺陷

续上表

步骤	操作方法及说明	质量标准及记录
2.检查漆膜缺陷	尘点、轻微橘皮、轻微流挂、失光可以抛光解决； 鱼眼、痱子、严重流挂需返工重新喷涂	□确认缺陷合理 □缺陷标记无遗漏
3.遮蔽贴护	在涂料干燥后已经去除遮蔽胶带的边界处重新铺上遮蔽胶带，相邻板件涂层或零部件也要做遮蔽保护	□正确遮蔽范围 □遮蔽牢固 □遮蔽到位
4.安全防护	穿戴正确的抛光防护用品：工作帽、护目镜、耳塞、防尘口罩、工作服、乳胶手套、安全鞋	□正确穿戴防护用品 □是否全程穿戴
5.去除漆膜缺陷	能根据具体的缺陷类型、面积及程度选用最佳的缺陷去除方法： （1）尘点去除。使用打磨垫块配合P1200、P1500、P2000砂纸磨平局部的脏点颗粒；对于少量脏点颗粒，也可以使用点抛机配合砂纸去除；大面积脏点颗粒用偏心距3mm的打磨机配合精磨砂棉P2000～P4000打磨；对于较大的尘点可使用专用刮刀清除； （2）橘皮去除。局部纹理粗糙，可使用点抛机配合砂纸去除；大面积有粗糙纹理用偏心距3mm的打磨机配合精磨砂棉P2000～P4000打磨或者打磨垫块配合P1200、P1500、P2000砂纸打磨粗糙的纹理；	□缺陷去除方法选用正确 □尘点缺陷已经去除 □工具设备正确选用 □橘皮缺陷已经去除 □工具设备正确选用

续上表

步骤	操作方法及说明	质量标准及记录
5. 去除漆膜缺陷	（3）流挂去除。使用打磨垫块配合 P1200、P1500、P2000 号砂纸磨平局部的流挂；使用专用刮刀刮掉小面积的流挂，然后再使用方法一磨平	□流挂缺陷已经去除 □工具设备正确选用 抛光打蜡方法
6. 粗抛	（1）小面积的漆面建议选择点抛机＋羊毛盘＋粗抛光剂（或多合一抛光剂）； （2）对于大面积的漆面建议选择抛光机（立式/卧式）＋羊毛盘＋粗抛光剂（或多合一抛光剂）； （3）粗抛后使用除油剂检查是否完全去除	□正确选用工具设备 □抛光盘接触到漆面后再启动 □正确选用抛光机的转速挡位 □粗砂纸痕已经清除

续上表

步骤	操作方法及说明	质量标准及记录
7.中抛	中抛目的主要是将粗抛中产生的粗抛光痕去除,因此中抛时的面积要大于粗抛的面积。 (1)小面积的漆面建议选择点抛机+粗海绵盘+中抛光剂(或多合一抛光剂); (2)对于大面积的漆面建议选择抛光机(立式/卧式)+粗海绵盘+中抛光剂(或多合一抛光剂); (3)中抛后使用除油剂检查是否完全去除	□正确选用工具设备 □抛光盘接触到漆面后再启动 □正确选用抛光机的转速挡位 □粗抛光痕已经清除
8.细抛	细抛目的主要是将中抛中产生的中抛光痕去除,因此细抛时的面积要大于中抛的面积。 (1)小面积的漆面建议选择点抛机+细海绵盘+细抛光剂(或多合一抛光剂); (2)对于大面积的漆面建议选择抛光机(立式/卧式)+细海绵盘+细抛光剂(或多合一抛光剂); (3)中抛后使用除油剂检查是否完全去除	□正确选用工具设备 □抛光盘接触到漆面后再启动 □正确选用抛光机的转速挡位 □中抛光痕已经清除
9.清洁后完工检查	使用细纤维毛巾(法兰绒布)清洗车身上多余的抛光剂; 使用擦拭布配合除油剂检查抛光效果,确保全部抛透,避免洗车后重新抛光	□清洁毛巾正确选用 □多余的抛光剂清洁干净 □使用除油剂检查抛光效果 □漆面全部抛透
10.5S 整理	板件、工具、设备场地整理和复位	□按5S要求整理

浅色面漆抛光考核评分记录见表7-6。

浅色面漆抛光考核评分记录表 表7-6

类别	序号	项 目	考核内容及要求	配分	评分标准(各项配分扣完为止)	得分
专业知识 (20分)	1	抛光材料	正确描述抛光剂的作用	5	能回答问题,但回答不完整,按比例扣分;不能回答,扣5分	
			正确描述抛光剂的选用依据	5	能回答问题,但回答不完整,按比例扣分;不能回答,扣5分	
	2	抛光工具	正确描述不同类型抛光机的作用	5	能回答问题,但回答不完整,按比例扣分;不能回答,扣5分	
			正确描述其他工具的作用	5	能回答问题,但回答不完整,按比例扣分;不能回答,扣5分	
操作技能 (80分)	1	劳保用品穿戴	劳保用品穿戴齐全	5	穿戴不全或者错误,不得分	
	2	正确选用工具、设备、材料	选用工具、设备、材料齐全准确	5	缺一件,扣1分,选错一件,扣1分	
	3	准备	准备工作齐全	5	准备不充分一次,扣2.5分	
	4	漆面清洁	黏土配合清洁液去污	10	方法错误,扣5分;未完成,扣5分	
		水砂纸处理划痕等缺陷	打磨垫块配合水砂纸去除漆面缺陷	15	方法错误,扣5分;未完成,扣5分	
		抛光	根据漆面状况进行研磨、抛光	20	方法错误一种,扣5分;一种未完成,扣5分	
	5	正确使用工具、设备、材料	工具、设备使用正确	10	一种工具、设备、材料使用不正确,扣2分	
					损坏、丢失一件工具,不得分	
	6	操作规程	操作规程执行情况	5	违反操作规程,不得分	
	7	清理现场 (5S管理)	清理、擦洗并回收工具和设备	5	少收一件工具、设备,扣1分	
		分数总计		100	最终得分	

考核员签字:_____ 日期:_____年___月___日

任务2 深色面漆抛光(四级)

▶ 建议学时:4学时

考核要求

一、知识要求

1.能叙述深色面漆抛光的标准工艺流程。

2. 知道抛光所需工具、设备及材料的种类和选用。
3. 掌握去除面漆表面缺陷的方法。
4. 讲解抛光的重要性。
5. 说出抛光过程中的安全防护要求和设备的操作规范、维护及安全事项。

二、技能要求

1. 能正确辨别深色面漆表面的脏点、橘皮等缺陷。
2. 能根据不同的缺陷选用对应的方法进行缺陷去除。
3. 能根据深色面漆抛光工艺流程完成抛光作业。
4. 能正确判断抛光后漆面效果好坏。

任务准备

一、深色面漆抛光基础知识

（1）深色面漆抛光工艺流程如图7-14所示。

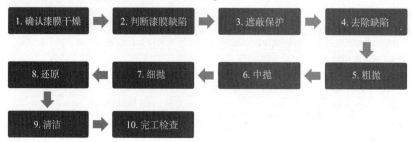

图7-14 深色面漆抛光工艺流程

由于深色面漆吸光的缘故，导致同样划痕的情况下深色面漆比浅色面漆更明显，所以对于深色面漆抛光时需要在细抛后再使用更细的抛光剂进行还原处理。

（2）影响抛光质量的四要素：转速、下压力、温度、移动速度，见表7-7。

影响抛光质量的因数　　　　　　　　　　表7-7

序 号	影响要素	影 响 内 容
1	转速	切削深度、表层温度、收油速度
2	下压力	温度、切削效率、抛光机的稳定性
3	移动速度	温度维持、切削的均匀性
4	温度	切削深度、切削效率、收油容易度

抛光的温度。影响抛光效率的一个重要因素就是对漆面温度的控制，一是快速地升温；二是温度的稳定控制。漆面温度的判断可以用红外线温度枪作为辅助工具，抛光时漆面温度控制见表7-8。

（3）影响抛光效率的三核心有：抛光机、抛光盘和研磨剂，如图7-15所示。

（4）抛光机的动态平衡(RO同心抛光机)。

漆面温度控制　　　　　　　　　　　　　　表7-8

金属漆(硬车漆)		素色漆(软车漆)		后　喷　漆	
粗抛	65℃	粗抛	60℃	粗抛	60℃
中抛	55℃	中抛	55℃	中抛	55℃
还原	45℃	还原	45℃	还原	45℃

图7-15　影响抛光效率的三核心

①抛光时抛光盘的倾斜度。立式抛光机建议3°~5°(粗抛5°,还原3°),如图7-16所示;卧式抛光机建议8°~15°(粗抛15°,还原8°),如图7-17所示。

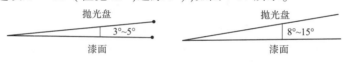

图7-16　立式抛光机　　　　图7-17　卧式抛光机

②抛光盘的施力点。抛光机的旋转方向是顺时针旋转,所以抛光盘的旋转方式也一样是顺时针旋转。操作时可选择左手抛光或者右手抛光,左手抛光施力点在左边,如图7-18所示,抛光机往右走是顺抛,往左走是逆抛,左手抛光是用顺抛做切削;右手抛光施力点在右边,如图7-19所示,抛光机往右走是顺抛,往左走是逆抛,右手抛光是用逆抛做切削。

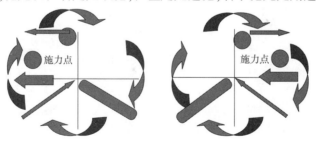

图7-18　左手抛光　　　　图7-19　右手抛光

(5)抛光过程。研磨、抛光、还原时一种分段作业,是在正确的工作温度下,将划痕变成螺旋纹,将螺旋纹不断细化到在阳光下肉眼看不到为止,一般分为2~4段施工。抛光时牢记口诀,粗抛:力大、温高、移转慢;中抛:力中、温中、移转中;还原:力小、温低、移转快。具体见表7-9。

(6)抛光注意事项。整个抛光流程较多,任何一个环节出错都会影响最终的效果,或者导致新的问题出现,为此抛光时必须注意以下几项:

①在涂料干燥后已经去除遮蔽胶带的边界处重新铺上遮蔽胶带,相邻板件涂层或零部件也要做遮蔽保护;

②抛光时双手紧握抛光机,将电线绕过一个手臂或者肩膀,防止缠绕发生事故;

③抛光时先接触板件再开动抛光机,结束时抛光垫应完全离开板件后才停机;

④抛光剂不得选含硅油的;

⑤驳口抛光时应从新至旧漆面方向;

⑥使用除油剂检查抛光效果,抛光后清洁不要用毛巾等粗纤维材质,否则会在涂料表面形成细微的划痕。

表 7-9 抛光口诀

粗抛	下压力大	中抛	下压力中	还原	下压力小
	温度高		温度中		温度低
	移动速度慢		移动速度中		移动速度快
	转速慢		转速中		转速快

二、深色面漆抛光工量具、材料和安全防护知识

1. 工具、设备知识

深色面漆抛光所用工具、设备与任务1浅色面漆抛光一致。

(1)抛光盘的维护。抛光时抛光盘需要经常进行清洁维护,否则很难达到预期的效果,抛光盘的清洁要遵循以下几个原则,一是要勤快,发现问题及时清盘,不要等到很脏才清洁;二是能干清就不用水洗,水洗后干燥时间长、寿命也会缩短。清盘可以使用专用机器进行清洗,相对比较简单,这里就不再展开,也可以使用手工进行清盘。

羊毛盘的清洁。手工清盘时务必佩戴护目镜,手拿抛光机或放地面,盘面向下,启动抛光机(高速挡),使用吹风枪(枪口朝下)按盘面从上往下来回吹掉脏污,直至干净为止,关掉抛光机即可,步骤如图7-20所示。

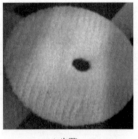  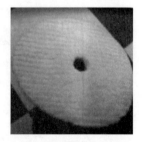

a) 步骤一　　　　　b) 步骤二　　　　　c) 步骤三

图 7-20　羊毛盘的清洁

海绵盘的清洁。海绵盘的清洁根据脏污程度不同可选择不同的清盘方法,对于一般脏的海绵盘可采用羊毛盘的清洁方法。对于较脏的海绵盘建议使用水洗的方法,首先在盘面上倒适量的海绵清洗剂或洗车香波用手涂抹开,双手拇指从内往外挤压抛光盘,将脏污全部挤掉,再用手把抛光盘的水挤出并装回抛光机,最后平放抛光盘于桶内,启动抛光机(最高速)甩干抛光盘即可,步骤如图7-21所示。

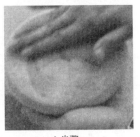 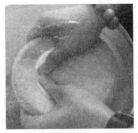 

a) 步骤一　　　　　　　　b) 步骤二　　　　　　　　c) 步骤三

图 7-21　海绵盘的清洁

（2）不同抛光盘效果对比如图 7-22 所示。

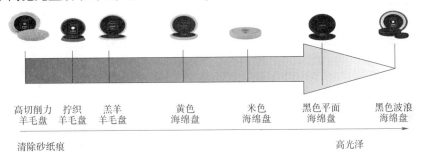

高切削力羊毛盘　拧织羊毛盘　羔羊羊毛盘　黄色海绵盘　米色海绵盘　黑色平面海绵盘　黑色波浪海绵盘

清除砂纸痕　　　　　　　　　　　　　　　　　　　　　高光泽

图 7-22　不同抛光盘效果

2. 抛光处理材料知识

与项目七任务 1 一致。

3. 安全防护知识

抛光处理过程中的安全生产和规范的个人防护是防止发生火灾、伤亡事故、职业病，保障人员身体健康的一个重要措施。抛光作业中规范的安全防护具体如图 7-23 所示。

图 7-23　抛光作业安全防护

> 任务实施

一、实训资源

(1)实训场地:抛光工位8个(含暖光灯和冷光灯光源)。

(2)实训板件:发动机舱盖(已喷好深色面漆)8个。

(3)工具耗材与设备:立式/卧式RO同心抛光机8台,GA偏心抛光机8台,配套抛光盘各8套(含羊毛盘和海绵盘),配套抛光剂各8套,红外线温度枪8把,水磨砂纸若干,抛光垫清洁刷/吹风枪8个,超细纤维擦拭布/毛巾若干,抛光石/垫块若干,刀片/专用刨刀若干、点抛机8台,遮蔽胶带若干。

二、安全注意事项

(1)操作人员应穿戴工作服和安全鞋,必要时佩戴护目镜、防尘口罩和胶手套等(图7-23)。

(2)电动设备使用严格按照额定电压、频率提供电源。

(3)吹尘枪使用时谨防对人吹。

(4)抛光机务必规范操作,特别是电源线,以免发生触电或缠绕事故。

三、操作过程

深色面漆抛光具体操作方法及说明见表7-10。

表7-10 深色面漆抛光具体操作方法及说明

步骤	操作方法及说明	质量标准及记录
1.确认漆膜干燥情况	确认漆膜经过60℃烘烤30min并冷却后可进行;对于常温干燥的漆膜,需要用手指按压涂层,直到指尖变白,没有指印,则可以进行抛光	□确认干燥的方法正确
2.检查漆膜缺陷	在良好的自然光源或专业光源下检查漆膜缺陷,并确认缺陷是否可以通过抛光来解决。	□正确分辨漆膜缺陷

续上表

步骤	操作方法及说明	质量标准及记录
2. 检查漆膜缺陷	尘点、轻微橘皮、轻微流挂、失光可以抛光解决； 鱼眼、痱子、严重流挂需返工重新喷涂	□确认缺陷合理 □缺陷标记无遗漏
3. 遮蔽贴护	在涂料干燥后已经去除遮蔽胶带的边界处重新铺上遮蔽胶带，相邻板件涂层或零部件也要做遮蔽保护	□正确遮蔽范围 □遮蔽牢固 □遮蔽到位
4. 安全防护	穿戴正确的抛光防护用品：工作帽、护目镜、耳塞、防尘口罩、工作服、乳胶手套、安全鞋	□正确穿戴防护用品 □是否全程穿戴
5. 去除漆膜缺陷	能根据具体的缺陷类型、面积及程度选用最佳的缺陷去除方法： (1) 尘点去除。使用打磨垫块配合 P1200、P1500、P2000 砂纸磨平局部的脏点颗粒；对于少量脏点颗粒，也可以使用点抛机配合砂纸去除；大面积脏点颗粒用偏心距 3mm 的打磨机配合精磨砂棉 P2000～P4000 打磨；对于较大的尘点可使用专用刮刀清除； (2) 橘皮去除。局部纹理粗糙，可使用点抛机配合砂纸去除；大面积有粗糙纹理用偏心距 3mm 的打磨机配合精磨砂棉 P2000～P4000 打磨或者打磨垫块配合 P1200、P1500、P2000 砂纸打磨粗糙的纹理；	□缺陷去除方法选用正确 □尘点缺陷已经去除 □工具设备正确选用 □橘皮缺陷已经去除 □工具设备正确选用

续上表

步骤	操作方法及说明	质量标准及记录
5.去除漆膜缺陷	(3)流挂去除。使用打磨垫块配合 P1200、P1500、P2000 砂纸磨平局部的流挂;使用专用刮刀刮掉小面积的流挂,然后再使用方法一磨平	□流挂缺陷已经去除 □工具设备正确选用
6.粗抛	(1)小面积的漆面建议选择点抛机+羊毛盘+粗抛光剂(或多合一抛光剂); (2)对于大面积的漆面建议选择抛光机(立式/卧式)+羊毛盘+粗抛光剂(或多合一抛光剂); (3)粗抛后使用除油剂检查是否完全去除	□正确选用工具设备 □抛光盘接触到漆面后再启动 □正确选用抛光机的转速挡位 □粗砂纸痕已经清除

续上表

步 骤	操作方法及说明	质量标准及记录
7. 中抛	中抛目的主要是将粗抛中产生的粗抛光痕去除,因此中抛时的面积要大于粗抛的面积。 (1)小面积的漆面建议选择点抛机 + 粗海绵盘 + 中抛光剂(或多合一抛光剂); (2)对于大面积的漆面建议选择抛光机(立式/卧式) + 粗海绵盘 + 中抛光剂(或多合一抛光剂); (3)中抛后使用除油剂检查是否完全去除	□正确选用工具设备 □抛光盘接触到漆面后再启动 □正确选用抛光机的转速挡位 □粗抛光痕已经清除
8. 细抛	细抛目的主要是将中抛中产生的中抛光痕去除,因此细抛时的面积要大于中抛的面积。 (1)小面积的漆面建议选择点抛机 + 细海绵盘 + 细抛光剂(或多合一抛光剂); (2)对于大面积的漆面建议选择抛光机(立式/卧式) + 细海绵盘 + 细抛光剂(或多合一抛光剂); (3)中抛后使用除油剂检查是否完全去除	□正确选用工具设备 □抛光盘接触到漆面后再启动 □正确选用抛光机的转速挡位 □中抛光痕已经清除
9. 还原	由于深色面漆吸光的缘故,导致同样划痕的情况下深色面漆比浅色面漆更明显,所以对于深色面漆抛光时需要在细抛后再使用更细的抛光剂进行还原处理; 注意还原时抛光的面积要大于细抛的面积	□细抛光痕已经清除 □还原时面积覆盖过细抛范围
10. 清洁后完工检查	使用细纤维毛巾(法兰绒布)清洗车身上多余的抛光剂; 使用擦拭布配合除油剂检查抛光效果,确保全部抛透,避免洗车后重新抛光	□清洁毛巾正确选用 □多余的抛光剂清洁干净 □使用除油剂检查抛光效果 □漆面全部抛透
11. 5S 整理	板件、工具、设备场地整理和复位	□按5S要求整理

深色面漆抛光考核评分记录见表7-11。

深色面漆抛光考核评分记录表 表7-11

类别	序号	项目	考核内容及要求	配分	评分标准(各项配分扣完为止)	得分
专业知识（20分）	1	抛光材料	正确描述抛光剂的作用	5	能回答问题,但回答不完整,按比例扣分;不能回答,扣5分	
			正确描述抛光剂的选用依据	5	能回答问题,但回答不完整,按比例扣分;不能回答,扣5分	
	2	抛光工具	正确描述不同类型抛光机的作用	5	能回答问题,但回答不完整,按比例扣分;不能回答,扣5分	
			正确描述其他工具的作用	5	能回答问题,但回答不完整,按比例扣分;不能回答,扣5分	
操作技能（80分）	1	劳保用品穿戴	劳保用品穿戴齐全	5	穿戴不全或者错误,不得分	
	2	正确选用工具、设备、材料	选用工具、设备、材料齐全准确	5	缺一件,扣1分,选错一件,扣1分	
	3	准备	准备工作齐全	5	准备不充分一次,扣2.5分	
	4	漆面清洁	黏土配合清洁液去污	10	方法错误,扣5分;未完成,扣5分	
		水砂纸处理划痕等缺陷	打磨垫块配合水砂纸去除漆面缺陷	15	方法错误,扣5分;未完成,扣5分	
		抛光	根据漆面状况进行研磨、抛光、还原	20	方法错误一种,扣5分;一种未完成,扣5分	
	5	正确使用工具、设备、材料	工具、设备使用正确	10	一种工具、设备、材料使用不正确,扣2分	
					损坏、丢失一件工具,不得分	
	6	操作规程	操作规程执行情况	5	违反操作规程,不得分	
	7	清理现场（5S管理）	清理、擦洗并回收工具和设备	5	少收一件工具、设备,扣1分	
		分数总计		100	最终得分	

考核员签字：_____ 日期：_____年___月___日

模 拟 试 题

汽车车身涂装修复工技能等级认定四级
理论知识模拟试卷（样卷）

注 意 事 项

1. 考试时间:90分钟。
2. 请首先按要求在试卷的标封处填写您的姓名、准考证号和所在单位的名称。
3. 请仔细阅读各种题目的回答要求,在规定的位置填写您的答案。
4. 不要在试卷上乱写乱画,不要在标封区填写无关的内容。

题　号	一	二	总　分
得　分			

得　分	
评分人	

一、判断题（第1～20题。请将判断结果填入括号中,正确的填"√",错误的填"×"。每题1分,共20分）

（　　）1. 职业道德是指从事一定职业的人们在职业活动中应遵循的职业行为道德规范。
（　　）2. 涂装废弃物应由具备国家环保资质的专业废弃物处理中心进行回收处理。
（　　）3. 因为水性漆含有机溶剂很少,所以调配水性漆的时候可以不穿戴防护用品。
（　　）4. 原子灰刮涂对灰刀的拿法没有要求,随便拿着就可以刮涂了。
（　　）5. 王某说原子灰和固化剂的比例无所谓的,想加多少就加多少,能干就可以了。
（　　）6. 刮涂第二层腻子以填平为主要作用,不求光滑。
（　　）7. 使用红外线烤灯烘烤不同颜色的面漆,需要的时间长度不同。
（　　）8. 双作用研磨机较单作用研磨机的切削力强。
（　　）9. 中涂底漆水磨时,没有产生灰尘,无须穿戴劳保用品。
（　　）10. 中涂底漆打磨后,露出的原子灰如直径小于5cm,可以直接喷涂面漆。
（　　）11. 中涂底漆打磨不够平滑会导致面漆橘皮重。
（　　）12. 红色菜瓜布用于喷中涂底漆前打磨,黑色和灰色菜瓜布用于喷涂面漆前打磨。
（　　）13. HVLP喷枪使用较高空气流量,低的压力把更多的油漆喷涂到工件表面。
（　　）14. 与金属漆不同,喷涂的因素对素色漆颜色变化的影响比较大。
（　　）15. 双工序面漆一定是银粉漆。
（　　）16. 喷涂水性双工序素色漆时,也必须穿戴防护用品。

151

( )17. 漆膜表面出现起泡,可以抛光解决。
( )18. 打蜡的作用是保护漆面,抛光的作用是去除漆面缺陷。
( )19. 根据经验由于黑色车漆比较耐脏,所以黑色车抛光要求没有白色车高。
( )20. 立式抛光机具有体积小、重量轻、技术要求高的特性。

得 分	
评分人	

二、单项选择题(第 1~80 题。请选择一个正确答案,将相应字母填入括号内。每题 1 分,共 80 分)

1. 职业道德是一种(　　)的约束机制。
   A. 强制性　　　B. 非强制性　　　C. 随意性　　　D. 自发性
2. 职业道德通过(　　),起着增强企业凝聚力的作用。
   A. 协调员工之间的关系　　　　　　B. 增加职工福利
   C. 为员工创造发展空间　　　　　　D. 调节企业与社会的关系
3. 在商业活动中,不符合待人热情要求的是(　　)。
   A. 严肃待客,表情冷漠　　　　　　B. 主动服务,细致周到
   C. 微笑大方,不厌其烦　　　　　　D. 亲切友好,宾至如归
4. 正确阐述职业道德与人的事业的关系选项就是(　　)。
   A. 没有职业道德的人不会获得成功
   B. 要取得事业的成功,前提条件就是要有职业道德
   C. 事业成功的人往往并不需要较高的职业道德
   D. 职业道德就是人获得事业成功的重要条件
5. 原厂配件表面通常已涂装(　　)。
   A. 中涂底漆　　B. 电泳底漆　　C. 面漆　　　D. 防锈底漆
6. 以下哪种添加剂不是用于影响涂膜性能。(　　)
   A. 增塑剂　　　B. 防沉淀剂　　C. 防静电剂　　D. 防腐剂
7. 以下哪一项不属于涂料的基本成分。(　　)
   A. 树脂　　　　B. 颜料　　　　C. 稀释剂　　　D. 添加剂
8. 下列描述中属于中涂底漆须具备特性的是(　　)。
   A. 与原子灰、防锈底漆、旧漆和面漆都有良好的附着力
   B. 防锈　　　　C. 填充性好　　　D. 以上都对
9. 汽车面漆有不同的施工工序,按施工工序不包括以下哪项(　　)。
   A. 单工序面漆　B. 双工序面漆　C. 三工序面漆　D. 素色漆
10. 涂料中的 VOC 代表(　　)。
    A. 溶剂　　　　B. 挥发性有机化合物　C. 稀释剂　　　D. 去离子水
11. 关于水性涂料废料处理,以下说法不正确的是(　　)。
    A. 应按照当地法规处理　　　　　　B. 水性涂料与溶剂型涂料废料应分开处理
    C. 水性涂料与溶剂型涂料废料可以一起存放　D. 水性涂料废料也需要妥善存放
12. 去除旧漆膜不需要穿戴的防护用品是(　　)。
    A. 活性炭防护口罩　B. 棉纱手套　　C. 安全鞋　　　D. 工作服

13. 适用于塑料表面的原子灰是（　　）。
    A. 钣金原子灰　　　B. 柔性原子灰　　　C. 纤维原子灰　　　D. 聚酯原子灰
14. 弧度较大的部位刮涂原子灰时刮板最好是选择（　　）。
    A. 橡胶刮刀　　　B. 硬刮板　　　C. 胶木板　　　D. 钢片刮刀
15. 薄刮第一遍原子灰时，灰刀的角度为（　　）。
    A. 90°　　　B. 75°　　　C. 45°　　　D. 15°
16. 原子灰干燥过程中，下列描述正确的是（　　）。
    A. 薄的干得快　　　B. 厚的干得快　　　C. 薄厚干得一样快　　　D. 不一定
17. 原子灰刮涂完成后，原子灰应该（　　）原来的表面。
    A. 高于　　　B. 低于　　　C. 平齐　　　D. 没有要求
18. 红外线烤灯在烘烤时，烤灯与工件的距离是（　　）。
    A. 20cm以上　　　B. 50cm以上　　　C. 80cm以上　　　D. 150cm以上
19. 原子灰的干燥属于（　　）。
    A. 物理变化　　　B. 化学变化　　　C. 溶剂挥发　　　D. 物理挥发
20. 原子灰打磨时，不需要穿戴以下哪样劳保用品？（　　）
    A. 防尘口罩　　　B. 棉纱手套　　　C. 防溶剂手套　　　D. 护目镜
21. 原子灰干磨与水磨的区别，下列哪项是不正确的？（　　）
    A. 水磨方便快捷　　　B. 干磨效率高　　　C. 干磨有利于环保　　　D. 水磨影响质量
22. 在干磨作业中，前道工序使用P180砂纸，则后道工序应使用（　　）。
    A. P500　　　B. P320　　　C. P240　　　D. 越细越好
23. 去除旧漆层时，选用偏心距（　　）的打磨机来打磨。
    A. 2.5mm　　　B. 3mm　　　C. 5mm　　　D. 7~9mm
24. 在原子灰打磨时需要使用打磨指示层，它的作用是（　　）。
    A. 有效填充砂纸痕、砂眼　　　B. 使面漆更容易遮盖
    C. 有效显露不平、砂眼等缺陷　　　D. 填充凹陷
25. 以下不是评估原子灰平整度的方法是（　　）。
    A. 机器测　　　B. 目测　　　C. 对比　　　D. 触摸
26. 目前汽车修理行业钣喷车间使用的空气压缩机最高效的是（　　）。
    A. 往复活塞式　　　B. 往复膜片式　　　C. 螺杆式　　　D. 平行式
27. 关于汽车修理厂使用气动打磨机较多的原因，以下说法不正确的是（　　）。
    A. 不直接用电，相对而言安全性更高　　　B. 打磨效果更好
    C. 结构较简单，经久耐用　　　D. 打磨效率高
28. 以下砂纸打磨时不可超出原子灰范围的是（　　）。
    A. P180　　　B. P240　　　C. P320　　　D. P120
29. 关于弯曲表面打磨原子灰，下列说法不正确的是（　　）。
    A. 打磨的时候在头脑中一定要有弯曲表面的印象
    B. 最好在最后的时候再打磨特征线
    C. 小心不要过度打磨特征线的边缘
    D. 开始的时候尽可能地使用较细的砂纸

30. 砂纸号的数字前有字母"P",这种规格使用的是(　　)。
    A. 欧洲标准　　　B. 美国标准　　　C. 日本标准　　　D. 中国标准
31. 原子灰刮涂时第一层应(　　)。
    A. 薄刮　　　B. 厚刮　　　C. 填充　　　D. 以上均可
32. 一般新车车身涂层最底层为(　　)。
    A. 防锈底漆　　　B. 色漆　　　C. 中涂底漆　　　D. 电泳底漆
33. 下列关于机器打磨中涂层的方法,叙述不正确的是(　　)。
    A. 使3mm的双作用打磨机　　　　　　B. 不需使用中间软垫
    C. 如喷涂单工序面漆可用 P400 打磨　　D. 如喷涂双工序面漆可用 P500 打磨
34. 喷涂面漆前,边角位置应使用(　　)打磨。
    A. 砂纸 P500　　B. 红色菜瓜布　　C. 黑色菜瓜布　　D. 砂纸 P400
35. 红色菜瓜布相当于(　　)砂纸。
    A. P120　　　B. P360　　　C. P800　　　D. P1500
36. 黑色菜瓜布相当于(　　)砂纸。
    A. P120　　　B. P360　　　C. P800　　　D. P1500
37. 灰色菜瓜布相当于(　　)砂纸。
    A. P360　　　B. P800　　　C. P1500　　　D. P2000
38. 中涂底漆打磨后有轻微的裸金属,需要喷涂的油漆是(　　)。
    A. 防锈底漆　　B. 自喷罐底漆　　C. 中涂底漆　　D. 电泳底漆
39. 以下哪个不是造成中涂底漆打磨不完善、有缺陷的原因?(　　)
    A. 打磨机使用不正确　　　　　　B. 全程打磨机打磨
    C. 没有添加中间软垫　　　　　　D. 砂纸选用不正确
40. 如果喷涂双工序金属漆,中涂底漆的最后打磨需要使用的砂纸型号是(　　)。
    A. P320　　　B. P400　　　C. P500　　　D. P240
41. 需要喷涂素色面漆,中涂底漆打磨选用多少号砂纸?(　　)
    A. P320　　　B. P400　　　C. P600　　　D. P240
42. 为防止中涂底漆被磨穿等现象,需要添加以下哪种方式来避免?(　　)
    A. 单作用打磨机　　B. 保护垫　　C. 中间软垫　　D. 红色菜瓜布
43. 中涂底漆打磨不需要穿戴以下哪种劳保用品?(　　)
    A. 护目镜　　　B. 防尘口罩　　　C. 棉纱手套　　　D. 防毒面具
44. 以下选项中属于中涂底漆作用的是(　　)。
    A. 填充轻微缺陷　　B. 封闭隔绝　　C. 增加附着力　　D. 以上均是
45. 免磨底漆喷涂时应选用喷枪为(　　)。
    A. 1.4 口径底漆喷枪　　　　　　B. 1.3 口径面漆喷枪
    C. 1.6 口径底漆喷枪　　　　　　D. 1.8 口径底漆喷枪
46. 对于不可分割的部件局部喷涂前采用的遮蔽方式为(　　)。
    A. 反向遮蔽　　　　　　　　　　B. 正向遮蔽
    C. 遮蔽液遮蔽　　　　　　　　　D. 缝隙胶条遮蔽

47. 下列对于氧化铝的磨料,描述不正确的是( )。
    A. 硬度高　　　　　　　　　　　　B. 耐久性好
    C. 较锐利,呈黑色　　　　　　　　D. 耐磨性好
48. 对于机器无法打磨的中涂底漆可采用的方式为( )。
    A. 不用处理　　　　　　　　　　　B. P320 砂纸
    C. 灰色菜瓜布　　　　　　　　　　D. 红色菜瓜布
49. 单工序是指喷涂( )涂料即可形成完整的面漆层。
    A. 一种　　　B. 两种　　　C. 三种　　　D. 四种
50. 喷涂单工序素色漆时,应先调整喷枪的( )。
    A. 流量　　　B. 扇形　　　C. 气压　　　D. A 或 B
51. 单工序素色面漆的调配包括( )。
    A. 色母　　　B. 固化剂　　C. 稀释剂　　D. 以上都是
52. 关于素色面漆的说法正确的是( )。
    A. 闪干后不哑光　　　　　　　　　B. 闪干后哑光
    C. 指触不拉丝后可以喷涂下一道　　D. 层间闪干可以使用喷枪吹干
53. 对遮蔽胶带的要求,描述不正确的是( )。
    A. 要能耐 60℃~80℃ 的高温　　　 B. 能抗溶剂
    C. 耐磨　　　　　　　　　　　　　D. 使用方便
54. 遮蔽膜比较适合于大面积遮蔽。以下关于遮蔽膜的特性正确的是( )。
    A. 能够防止溶剂渗透　　　　　　　B. 能够防止涂料干燥以后脱落损坏漆面
    C. 不会产生静电吸附灰尘　　　　　D. 以上都是
55. 粘尘布的作用是( )。
    A. 清洁工作物表面水点　　　　　　B. 除油
    C. 清除灰尘　　　　　　　　　　　D. 除静电
56. 下列哪项不属于素色面漆常见的缺陷?( )
    A. 流挂　　　B. 发花　　　C. 橘皮　　　D. 露底
57. 银粉漆中是由( )颗粒组成的。
    A. 银粉　　　B. 二氧化钛　C. 铝片　　　D. 云母
58. 下列与银粉漆喷涂时的闪干时间无关的是( )。
    A. 喷涂厚度　B. 银粉含量　C. 气温　　　D. 稀释剂用量
59. 使银粉漆颜色变亮的方法是( )。
    A. 采用干喷　B. 采用湿喷　C. 减少稀释剂　D. 降低气压
60. 为了使银粉漆达到合适的黏度,调配时需要添加( )。
    A. 固化剂　　B. 稀释剂　　C. 添加剂　　D. 防潮剂
61. 以下哪项不是清漆的作用?( )
    A. 提供光泽　B. 美观　　　C. 保护色漆　D. 防锈
62. 为使清漆流平更好,涂装时可以( )。
    A. 加多　　　B. 薄喷　　　C. 用快干天那水　D. 湿喷

63. 以下哪项不是银粉漆产生发花的原因？（ ）
    A. 稀释剂选择不当　　　　　　　　　B. 喷枪与板件距离太近
    C. 底色漆喷涂遍数太多　　　　　　　D. 喷涂过湿
64. 如何减少溶剂蒸汽对人体的侵入？（ ）
    A. 保持良好通风　　B. 随时盖紧容器的盖子　　C. 戴合适的面具　　D. 以上均是
65. 下列漆膜缺陷中可通过抛光解决的是（ ）。
    A. 轻微橘皮　　　　B. 痱子　　　　　　C. 砂纸痕　　　　　D. 严重流挂
66. 以下哪项不属于漆面瑕疵？（ ）
    A. 工业灰尘　　　　B. 划痕　　　　　　C. 旋纹　　　　　　D. 太阳纹
67. 不属于原厂漆结构层的是（ ）。
    A. 清漆层　　　　　B. 中涂底漆层　　　C. 原子灰层　　　　D. 电泳底漆层
68. 抛光时针对的涂层是（ ）。
    A. 银粉层　　　　　B. 清漆层　　　　　C. 色漆层　　　　　D. 珍珠层
69. 深色车漆更难抛光的原因是（ ）。
    A. 深色车漆反光　　B. 深色车漆吸光　　C. 深色车较硬　　　D. 深色车耐脏
70. 漆面抛光是一种恢复原车漆面（ ）所进行的作业。
    A. 颜色　　　　　　B. 厚度　　　　　　C. 光泽　　　　　　D. 硬度
71. 研磨时，我们通过摩擦表面消除划痕，从而也使漆面（ ）。
    A. 变硬　　　　　　B. 变薄　　　　　　C. 变厚　　　　　　D. 没变化
72. 细抛时，抛光机的转速需要调节到（ ）。
    A. 800～1000r/min　　　　　　　　　B. 1000～1500r/min
    C. 1500～1800r/min　　　　　　　　　D. 1800～2000r/min
73. 下列选项中不是抛光机必须有的配件是（ ）。
    A. 手柄　　　　　　B. 托盘　　　　　　C. 电机　　　　　　D. 开关
74. 下列选项属于立式抛光机特点的是（ ）。
    A. 比较笨重　　　　B. 适合初学者　　　C. 体积小　　　　　D. 技术要求低
75. 下列抛光机类型中只会强制往一个方向旋转的抛光机是（ ）。
    A. RO同心抛光机　　B. DA自由偏心抛光机　C. GA强制偏心抛光机　D. 双作用抛光机
76. 以下抛光机切削力最强的是（ ）。
    A. DA抛光机　　　　B. 强制偏心抛光机　　C. RO抛光机　　　　D. GA抛光机
77. 车漆抛光完成后，漆面不能留有研磨后的（ ），并且漆面光泽度好。
    A. 螺旋纹与划痕　　B. 砂纸痕　　　　　C. 飞漆　　　　　　D. 水渍
78. 相同材质的羊毛盘，其编织长度越长，切削力（ ）。
    A. 越强　　　　　　B. 越弱　　　　　　C. 相同　　　　　　D. 不确定
79. 一般来说，常见的海绵盘按照颜色从粗到细的排列是（ ）。
    A. 白色、黑色、黄色　　　　　　　　　B. 黄色、白色、黑色
    C. 黑色、白色、黄色　　　　　　　　　D. 白色、黄色、黑色
80. 车门需要抛光，以下部件必须要遮蔽的是（ ）。
    A. 门把手　　　　　B. 内饰板　　　　　C. 车顶　　　　　　D. 门槛板

汽车车身涂装修复工技能等级认定四级技能考核试卷(样卷)

注 意 事 项

1. 考试时间:100 分钟。
2. 请首先按要求在试卷的标封处填写您的姓名、准考证号和所在单位的名称。
3. 请仔细阅读各种题目的回答要求,在规定的位置填写您的答案。
4. 不要在试卷上乱写乱画,不要在标封区填写无关的内容。

题 号	一	二	三	四	总 分
得 分					

得 分	
评分人	

一、前翼子板轮眉处直径约 15cm 原子灰整平

1. 本题分值:35 分
2. 考核时间:20min
3. 考核形式:实际操作
4. 具体考核要求:
(1)个人防护用品穿戴规范,包括使用耳塞,安全操作。
(2)打磨工具操作规范,砂纸选用合理。
(3)原子灰打磨方法正确,打磨区域合理,P80、P120 没有超出原子灰区域。
(4)原子灰打磨平整、恢复损伤前形状:最终结果没有原子灰印、原子灰砂眼、咬底、砂纸痕等缺陷。
(5)操作完毕后,工具设备清洁、复位、废弃物分类丢弃在规定的废弃物容器内;砂纸、菜瓜布等可继续使用耗材放置于指定回收位置。
5. 否定项说明:
若考生发生下列情况之一,则应及时终止其考试,考生该试题成绩记为零分。
(1)考生没按规定要求穿戴劳保用品。
(2)操作过程中出现严重违规操作。
(3)造成人身伤害或设备损坏。
6. 作业工单:

序号	操作步骤	作业内容	完成情况
1	作业前准备	正确穿戴劳保用品	□已完成 □未完成
2	粗磨	使用 P80 砂纸或 P120 砂纸对原子灰进行粗磨,不能超出原子灰范围以外	□已完成 □未完成

续上表

序号	操作步骤	作业内容	完成情况	
3	修整打磨	使用 P180 砂纸进行修整打磨,可以超出原子灰范围以外	□已完成	□未完成
4	精磨	使用 P240 砂纸进行精细打磨,打磨多余原子灰	□已完成	□未完成
5	碳粉指示剂	每换一次砂纸都需施涂碳粉指示剂	□已完成	□未完成
6	完工检查	对前翼子板轮眉的原子灰效果进行检查	□已完成	□未完成
7	清洁整理	清理现场(5S 管理)	□已完成	□未完成

得 分	
评分人	

二、前翼子板边角处中涂底漆局部修补喷涂

1. 本题分值:20 分
2. 考核时间:20min
3. 考核形式:实际操作
4. 具体考核要求:

(1)个人防护用品穿戴规范,包括使用耳塞,安全操作。
(2)正确选用中涂底漆和固化剂等。
(3)要参照调配比例来完成调配。
(4)对喷涂区域以外进行遮蔽,按照喷涂四要素完成喷涂作业。
(5)喷涂完成的效果无流挂、无未遮盖底色、无明显的喷涂台阶、喷涂范围不超出打磨或遮蔽区域。

5. 否定项说明:

若考生发生下列情况之一,则应及时终止其考试,考生该试题成绩记为零分。
(1)考生没按规定要求穿戴劳保用品。
(2)操作过程中出现严重违规操作。
(3)造成人身伤害或设备损坏。

6. 作业工单:

序号	操作步骤	作业内容	完成情况	
1	作业前准备	正确穿戴劳保用品	□已完成	□未完成
2	油漆选用	正确选用中涂底漆和固化剂	□已完成	□未完成
3	油漆调配	按照比例进行油漆调配	□已完成	□未完成
4	遮蔽	采用反向遮蔽的方法进行遮蔽	□已完成	□未完成
5	调试喷枪	正确调试喷枪	□已完成	□未完成
6	喷涂	对翼子板边角处进行局部喷涂中涂底漆	□已完成	□未完成
7	完工检查	对前翼子板边角处的喷涂效果进行检查	□已完成	□未完成
8	清洁整理	清理现场(5S 管理)	□已完成	□未完成

得 分	
评分人	

三、前翼子板单工序素色面漆喷涂

1. 本题分值:15 分
2. 考核时间:20min
3. 考核形式:实际操作
4. 具体考核要求:

(1)个人防护用品穿戴规范,包括使用耳塞,安全操作。

(2)正确使用粘尘布(将粘尘布充分展开再折叠后粘尘)。

(3)合理闪干后喷涂下一层。

(4)按要求喷涂 2 遍,遵循从上到下原则。

(5)无漏喷、喷涂过薄、流挂等缺陷,流平好,纹理均匀,光泽度高。

5. 否定项说明:

若考生发生下列情况之一,则应及时终止其考试,考生该试题成绩记为零分。

(1)考生没按规定要求穿戴劳保用品。

(2)操作过程中出现严重违规操作。

(3)造成人身伤害或设备损坏。

6. 作业工单:

序号	操作步骤	作业内容	完成情况	
1	作业前准备	正确穿戴劳保用品	□已完成	□未完成
2	粘尘	对前翼子板进行粘尘	□已完成	□未完成
3	调试喷枪	正确调试喷枪	□已完成	□未完成
4	喷涂	对翼子板进行喷涂第 1 遍素色面漆	□已完成	□未完成
5	闪干时间	合理的闪干时间,并检查闪干程度	□已完成	□未完成
6	喷涂	对翼子板进行喷涂第 2 遍素色面漆	□已完成	□未完成
7	完工检查	对前翼子板的喷涂效果进行检查	□已完成	□未完成
8	清洁整理	清理现场(5S 管理)	□已完成	□未完成

得 分	
评分人	

四、前翼子板双工序普通银粉色漆喷涂

1. 本题分值:10 分
2. 考核时间:20min
3. 考核形式:实际操作
4. 具体考核要求:

(1)个人防护用品穿戴规范,包括使用耳塞,安全操作。

(2)正确调配银粉漆。

(3)正确使用粘尘布(将粘尘布充分展开再折叠后粘尘)。

(4)合理闪干后喷涂下一层。

(5)最终喷涂结果:色漆无露底、流挂、起花等缺陷。

5.否定项说明:

若考生发生下列情况之一,则应及时终止其考试,考生该试题成绩记为零分。

(1)考生没按规定要求穿戴劳保用品。

(2)操作过程中出现严重违规操作。

(3)造成人身伤害或设备损坏。

6.作业工单:

序号	操作步骤	作业内容	完成情况	
1	作业前准备	正确穿戴劳保用品	□已完成	□未完成
2	油漆调配	按比例正确调配银粉漆	□已完成	□未完成
3	粘尘	对前翼子板进行粘尘	□已完成	□未完成
4	调试喷枪	正确调试喷枪	□已完成	□未完成
5	喷涂	对翼子板进行喷涂第1遍银粉漆	□已完成	□未完成
6	闪干时间	合理的闪干时间,并检查闪干程度	□已完成	□未完成
7	喷涂	对翼子板进行喷涂第2遍银粉漆	□已完成	□未完成
8	完工检查	对前翼子板的喷涂效果进行检查	□已完成	□未完成
9	清洁整理	清理现场(5S管理)	□已完成	□未完成

得 分	
评分人	

五、发动机舱盖 A4 面积浅色漆面缺陷抛光

1.本题分值:20 分

2.考核时间:20min

3.考核形式:实际操作

4.具体考核要求:

(1)个人防护用品穿戴规范,安全操作。

(2)正确使用抛光设备,合理选用抛光材料。

(3)正确辨别漆膜缺陷并去除,漆面无损伤。

(4)对去除缺陷后的漆面进行研磨、抛光。

(5)最终抛光效果:漆面无划痕、眩纹等,镜面效果好。

5.否定项说明:

若考生发生下列情况之一,则应及时终止其考试,考生该试题成绩记为零分。

(1)考生没按规定要求穿戴劳保用品。

(2)操作过程中出现严重违规操作。

(3)造成人身伤害或设备损坏。

6.作业工单：

序号	操作步骤	作业内容	完成情况	
1	作业前准备	正确穿戴劳保用品	□已完成	□未完成
2	抛光设备	正确使用抛光设备	□已完成	□未完成
3	抛光材料	合理选用抛光材料	□已完成	□未完成
4	辨别缺陷	正确辨别缺陷,确定处理方法	□已完成	□未完成
5	研磨	对缺陷位置进行研磨,先使用 P1500~P2000 砂纸研磨,再使用 P2500~P3000 砂纸进行精细研磨	□已完成	□未完成
6	抛光	对研磨区域或缺陷位置进行合理抛光处理	□已完成	□未完成
7	完工检查	对发动机头盖的抛光效果进行检查	□已完成	□未完成
8	清洁整理	清理现场(5S 管理)	□已完成	□未完成

参 考 文 献

[1] 广东省城市公共交通协会. T/GDGJ 001-2021 广东省汽车维修工职业标准[S]. 2022.
[2] 中国汽车维修行业协会. 车身涂装[M]. 北京：人民交通出版社股份有限公司，2014.
[3] 交通运输部职业资格中心(交通运输部职业技能鉴定指导中心). 汽车车身涂装修复工职业技能鉴定教材[M]. 北京：人民交通出版社股份有限公司，2017.
[4] 庞贝捷漆油贸易(上海)有限公司. 专业汽车漆颜色培训手册，2018 版.
[5] 王锋. 汽车涂装工艺[M]. 北京：人民交通出版社股份有限公司，2018.
[6] 彭钊. 汽车美容与装饰[M]. 北京：人民交通出版社股份有限公司，2019.
[7] 广东惠州新科三佳科技有限公司. 汽车美容探索与解析，2019.
[8] 丰田汽车公司. 钣喷修理培训手册，2012.